珍藏本·增订本
纪念版

汉译世界学术名著丛书

对人进行投资

——人口质量经济学

〔美〕西奥多·舒尔茨 著

吴珠华 译

Theodore W. Schultz

INVESTING IN PEOPLE

The Economics of Population Quality

University of California Press Berkeley and Los Angeles, California.

University of California Press, Ltd. London, England.

Published by arrangement with University of California Press.

根据加州大学出版社 1982 年版译出

汉译世界学术名著丛书
（120年纪念版·珍藏本）
增订本出版说明

2017年10月，为纪念商务印书馆创立120周年，本馆推出“汉译世界学术名著丛书”（120年纪念版·珍藏本），计七百种。近五六年来，仰赖学界同人倾力支持，订正旧译，增补新译，拓展新著，积累日多。为满足读者需要，本馆在七百种的基础上，继续推出“汉译世界学术名著丛书”（120年纪念版·珍藏本·增订本）三百种。至此，“汉译世界学术名著丛书”累计出版已达千种。

今后，本馆将继续推进丛书的翻译出版工作，在积累单本名著的基础上陆续分辑刊行，汇印出版。为促进中外文明互鉴、推动我国学术发展，使“汉译世界学术名著丛书”这项对我国学术文化有基本建设意义的重大工程发挥更大作用，诚望海内外学术界、翻译界继续给予支持，帮助我们把这套丛书出得更好。

商务印书馆编辑部

2024年2月

汉译世界学术名著丛书
（120年纪念版·珍藏本）
出 版 说 明

2017年2月11日，商务印书馆迎来120岁的生日。120年前，商务印书馆前贤怀揣文化救国的理想，抱持"昌明教育，开启民智"的使命，立足本土，放眼寰宇，以出版为津梁，沟通中西，为中国、为世界提供最富智慧的思想文化成果。无论世事白云苍狗，潮流左右激荡，甚至战火硝烟弥漫，始终践行学术报国之志，无改初心。

迻译世界各国学术名著，即其一端。早在20世纪初年便出版《原富》《天演论》等影响至今的代表性著作，1950年代后更致力于外国哲学和社会科学经典的译介，及至1980年代，辑为"汉译世界学术名著丛书"，汇涓为流，蔚为大观。丛书自1981年开始出版，历时三十余年，迄今已推出七百种，是我国现代出版史上规模最大、最为重要的学术翻译工程。

丛书所选之书，立场观点不囿于一派，学科领域不限于一门，皆为文明开启以来，各时代、各国家、各民族的思想与文化精粹，代表着人类已经到达过的精神境界。丛书系统译介世界学术经典，引领时代思想，为本土原创学术的发展提供丰富的文化滋养，为推动中国现代学术和现代化进程做出了突出的贡献。

为纪念商务印书馆成立120周年，我们整体推出“汉译世界学术名著丛书”120年纪念版的珍藏本，寄望既利于文化积累，又便于研读查考，同时向长期支持丛书出版的译者、编者和读者致以敬意。

两甲子后的今天，商务印书馆又站在了一个新的历史时间节点上。我们不仅要铭记先辈的身影和足迹，更须让我们的步伐充满新的时代精神。这是商务人代代相传的事业，更是与国家和民族的命运始终紧密相连的事业。我们责无旁贷，必须做好我们这代人的传承与创造，让我们的努力和成果不仅凝聚成民族文化的记忆，还能成为后来人可以接续的事业。唯此，才能不负前贤，无愧来者。

商务印书馆编辑部

2017年10月

译　者　序

本书作者——美国经济学家西奥多·舒尔茨是1979年诺贝尔经济学奖获得者。我相信，他的名字对于大多数中国读者来说绝不会感到陌生。因为长期以来，特别是随着我国经济体制改革的不断深入，有关人口素质与人力资源开发的问题显得越来越重要。很多中国人出于各种各样的需求，通过各种途径得知，经济学家舒尔茨是人力资本理论的奠基者和创始人之一；而他本人也确实一直以“人力资本理论之父”的称号享誉世界，其影响至今不衰。但是，我想，在成千上万的中国读者当中，或许只有少数人才会知道他在农业经济学和所谓“穷国”的经济发展道路方面的卓越研究和巨大贡献。正如瑞典皇家科学院在授予他诺贝尔经济学奖的公告中所指出的：“舒尔茨对农业发展潜力的分析是根据一种均衡观点。它是传统生产方式与现有更有效的方式之间的差距，创造了动态发展必须的条件。舒尔茨用这个观点，对发展中国家的工业化政策和它们对农业的忽视，提出了详细的批判。舒尔茨是把教育投资如何能影响农业以及整个经济的生产率的分析系统化的第一人。”这也许是舒尔茨的后人将本书推荐给中国读者的原因之一吧。有鉴于此，为了使读者能更深入、全面地了解和认识舒尔茨及其“人力资本”理论体系的核心与渊源，我认为有必要借本书出

版之机，对他的生平及学术研究道路及这本著作做个较为全面的介绍。

一、生平及学术研究道路

1902年4月30日，西奥多·舒尔茨生于美国南达科他州阿灵顿一个德国移民聚居的农场。有人说，或许是由于家乡的广阔草场和良田沃土的影响，以及陪伴他度过孩提时代的田园风光的熏陶，他在成年后对农业经济学产生了浓厚的兴趣，并成为世界农业经济学领域的一位重要人物。

舒尔茨22岁在其家乡的布鲁克林农业学校毕业，随后考入南达科他州州立学院，三年后取得了科学学士的文凭。后来，他又进入威斯康星大学攻读硕士和博士学位，并分别于1928年和1930年获得了该大学的科学硕士和哲学博士学位。

1930年，舒尔茨应邀赴艾奥瓦州立学院（现改称艾奥瓦州立大学）任教，并从1934年起任该学院经济和社会学系主任直至1943年。在此期间，他努力从理论到实践上改变当时美国各种部门经济学与经济学整体截然分开的学术割据现象，尽力使农业经济学的研究与经济学整体结合起来。在理论上，他强调农业经济学家应当利用价格及价值理论解决和分析该领域内的问题，并提倡借助于一般经济学的理论和方法来论述有关农场的经营管理、农产品推销、土地所有权和信贷等问题，以及这些问题之间的相互关系。这种努力，不仅明显地见之于他本人的著作和研究活动，而且还体现在他对艾奥瓦州立学院经济和社会学系的教学与研究工作的卓越领导和大胆革新当中。在该学院任经济系主任时，舒尔茨凭着高超的组织领导才能和从事科学研究的洞察力，不仅为学生开设了一般经济理论课程，而且还设置了农业经济学和乡村社会学等课程。与此同时，为了进一步激发学生掌握更多的理论知识，启发他们头脑中的新思想，他还聘请了当时被认为极具才华和极有希望的年轻经济学家，如乔治·施蒂格勒（1982年诺贝尔经济学奖得主）、阿尔伯特·哈特，以及肯尼思·鲍尔丁等人来校任教，从而使原本默默无闻的艾奥瓦州立学院经济和社会学系一跃成为全美最著名的经济学系之一。

1943年，舒尔茨离开艾奥瓦州立学院赴芝加哥大学任教授。到了崇尚学术自由、人才济济的芝加哥大学以后，他的才能就更有机会得以发挥，其成就也越来越引人注目，声望扩大且地位更是日益提高。从1946年到1961年，他一直担任芝加哥大学经济系主任，并于1960年当选为美国经济学会会长。作为一名经济学家和教育家，舒尔茨待人循循善诱且谦虚，深得同事及学生的称道。他还善于用类比的方法给人以启发。这种启发常常会使他的学生和同事们触类旁通，得出一些新的研究方法和途径。在他的领导下，芝加哥大学经济系从20世纪40年代后期起就一直是美国经济思想流派的一个重要发源地。校园内各种经济学学术讲座、讨论会和座谈会接连不断，经济学学术论文及学术著作大量产生，学术气氛极其活跃。该校经济系的成就，应当说是与舒尔茨的领导与组织才能分不开的；芝加哥大学至今仍能在世界经济学界享有极高的威望，也应当说是与他当初所建立的优良传统密不可分的。

由于卓越的学术成就，以及对经济科学的突出贡献，舒尔茨于

1972 年荣获美国经济学会最高荣誉奖——沃克奖章，并且于 1972 年退休后荣任芝加哥大学名誉教授的称号。1979 年，他和威廉·阿瑟·刘易斯（William Arthur Lewis）一起荣获诺贝尔经济学奖，实现了到诺贝尔的"麦加"朝圣的理想，从而跻身于西方乃至世界第一流经济学家的行列。

舒尔茨的一生，从青年时代起，除了从事教学活动以外，一直在孜孜不倦地从事经济学的研究工作，并在这一领域内做出了巨大的贡献。他最初研究的是农业经济学，坚决主张使农业经济学成为现代经济学中不可分割的一部分。反对把农业问题局限在农业的范围之内，是舒尔茨对农业经济学做出的第一个贡献。在 20 世纪 30 年代后期和 40 年代，舒尔茨集中精力研究美国的农业政策，其成果集中反映在他从 1943 年到 1953 年陆续发表的四本著作中。即《重新制定农业政策》（*Redirecting Farm Policy*，1943）、《不稳定经济中的农业》（*Agriculture in an Unstable Economy*，1945）、《农业的生产和福利》（*Production and Welfare of Agriculture*，1949）以及《农业的经济组织》（*The Economic Grganization of Agriculture*，1953）。在这几本著作中，他所提出的主要观点是，政府对农产品既不能采取高价政策，也不能采取低价政策；因为前者根本不能使农业中经济收入低下的人们改善生产状况，而后者却会使资源过少地分配到农业部门，影响农业的发展。他认为应借助价格的作用指导人们合理地利用资源，从而增加或调节农业的收益，并主张发展高技术性的现代农业。

作为最早研究经济发展理论的学者之一，舒尔茨在经济发展策略方面强调的不是工业而是农业。他认为，虽然传统的农业对

经济的发展无法做出很大的贡献，但是现代的农业却可以做到这一点。从对发展中国家经济发展策略的成功与失败的比较当中，他得出了发展农业并不会影响经济的增长速度这一结论。在对低收入国家的具体情况进行了大量的实际研究之后，舒尔茨强调指出，发展中国家绝不能以牺牲农业为代价去发展工业，也不应牺牲农村人口的需求和食物的生产来保证城市居民的消费需要。他认为，在这些国家中，应当注重的是发展和引进新技术，而不应闭关自守，继续固执地采用延宕了几个世纪之久落后的经验与技术。他还诚恳地劝诫第三世界国家，不要忽视本民族经济的特点，为了寻求暂时的繁荣而盲目追随发达国家去发展工业。在阅读舒尔茨教授的著作时，特别是阅读他有关发展中国家的经济增长和农业发展问题的著作时，译者常常十分感动与崇敬的，不仅仅是他在经济科学方面的贡献，还有他在字里行间所明确表达出来的，对长期生活在这些国家中的靠农业谋生的穷人们的巨大同情，以及真正改善其生活福利状况的满腔热情。正是由于在农业经济研究以及整个经济的发展方面所做出的突出贡献，他在1979年获得诺贝尔经济学奖。

从20世纪50年代起，舒尔茨在农业经济学的研究中，就注意到了人力资本投资的问题，并进一步提出了人力资本的理论体系，对经济发展的动力做出了全新的解释。他认为，由教育、保健、人口的迁移等投资所形成的人的能力的增长和平均寿命的延长，都是资本的一种形式。他根据经验统计资料进行的计算所得出的结论是，同样的投资，用在教育上要比用在其他方面的收益率更高。在舒尔茨所开创的人力资本理论中，强调人力资源，特别是受过高等教育的人力资源在经济发展和物质生产中的重要作用。他所得出的人力资源是经济和社会发展的主要动力的结论，对整个经济学的发展产生了重大而又深刻的影响，并揭开了第二次世界大战后德国、日本，以及西方工业化各国经济迅速发展的谜底。

舒尔茨一生著述甚丰，据不完全统计即多达二十多种，另外还有各类文章二百多篇。除了上面提到的著作以外，他有关人力资本理论和农业发展问题的主要著作还有：《教育的经济价值》(*The Economic Value of Education*，1963)、《改造传统农业》(*Transforming Traditional Agriculture*，1964)、《人力资本投资：教育及科研的作用》(*Investments in Human Capital：The Role of Education and Research*，1971)以及本书。

二、关于人口素质及人力资本的理论

舒尔茨从早年研究美国的农业经济问题开始，继而又对一些发展中国家的农业生产进行了大量的实地考察与研究。随着研究的不断深入，他把研究范围扩大到经济发展，其理论体系的核心是人口素质和人力资本的概念。作为一名经济学家，舒尔茨的独特贡献是主张把人的精神置于经济发展问题的中心。他相信，用于"改善人口素质的投资能够极大地促进经济繁荣和提高穷人的福利。"他认为，过去的经济理论已不能用以说明经济发展的原因及动力，因此有必要用人力资本理论对其做出全新的解释。

首先，舒尔茨认为，人力资本的含义是极其丰富的，他从不同的角度给人力资本下过定义。其要点是：①人力资本体现在人的身上,表现为人的知识、技能、经验和技术熟练程度等,总之表现为人的能力和素质。②人力资本,即人的能力和素质,是通过人力投资而获得的。人力资本的投资主要有四个方面:A.用于教育和职业训练的费用;B.用于医疗保健的费用;C.用于为寻找更好的职业而进行流动和迁移的费用;D.用于从国外迁入的移民的费用。③在人的素质既定的情况下,人力资本可表现为从事劳动的总人数及劳动力市场上的总工作时间。④作为一种资本形式,个人及社会对其所进行的投资都必然会产生收益。从这一角度讲,人力资本是劳动者时间价值提高的主要原因,而且其大小、高低还可表现在人力资本的所有者,即劳动者的收入上。

其次,舒尔茨认为,研究经济增长问题和经济发展的动力,有必要建立一种总括的资本概念,即将传统上仅仅考虑有形物质资本的资本概念中包括进人力资本的概念。人力资本和物质资本都具有资本的属性,同时又有异质性。经济的发展显然取决于对物质资本和人力资本这两方面的投资。由于两者的异质性,这两种投资的收益率是不同的。西方经济发展的实践已经证明,人力资本投资的收益率要高于物质资本投资的收益率。在市场经济条件下,投资收益率的差距会对人们的经济行为造成刺激,而从事各种不同活动的人,无论是企业家,还是工人、农民,甚至家庭主妇,都会对这些刺激做出合理的反应,并正确地选择自己的经济行为;其结果是使社会经济迅速增长和国民收入大大提高。因此,重视和加强人力资本投资,注意提高人口质量,便成为一国经济发展的关键。他指出,"二战"后联邦德国和日本的经济之所以能够迅速恢复,其基本原因就是它们所拥有的人力资本相对于物质资本来说,没有在战火中遭到那样严重的破坏。在这种理论的基础上，舒尔茨特别强调教育和医疗保健等可以提高人口素质的活动在各种社会活动中的重要地位；并对发展中国家重视和发展教育、卫生保健，以及经济信息的获取和人口迁移等一系列问题，提出了许多中肯的建议和具体方案。

此外，舒尔茨还通过对人力资本和物质资本投资收益率差距的分析，进一步指出，由于人力资本的增长较快，导致了国民收入中来源于劳动收入份额的上升和来源于财产收入份额的相应下降，从而使社会各阶层的收入趋向于“均等化”。

总的来看，纵观舒尔茨的研究成果，其有关人口素质及人力资本的理论应当说具有如下几个特点：

第一，他推崇自由市场经济，反对政府进行过多的干预。舒尔茨认为，社会上各阶层的人，包括穷人和富人，都会在自己所从事的经济活动中对各种各样的经济刺激作出合理的反应，即根据合适的机会和约束条件选择其行为，对资源进行有效的配置。从全社会的角度来看，无论是人力资源的流动，还是人力资本投资的比例，一般来说都要以市场信息为依据，是由市场上的供求关系来决定的。过多的政府干预并不能替代市场的正常职能，而只会造成经济的扭曲。

第二，舒尔茨的人力资本投资理论对人类的未来持完全乐观的态度。他坚决反对一些发展经济学家对人类未来命运的悲观预测，反对强调一些发展中国家人口的迅速增长在其经济发展的道路上所投下的阴影。他认为，决定人类前途的并不是空间、土地和自然资源，而是人的素质、技能、知识水平，以及处理各种复杂经济活动的能力。从历史的角度看，人类确实战胜了无数的艰难险阻，获得了巨大的发展，因此没有理由认为人类的未来不充满光明。

第三，舒尔茨的理论基本上属于新自由主义经济学派。作为这一学派的代表人物之一，他主张用市场均衡的方法来研究人力资源的配置问题，但是，他又不拘泥于只进行均衡分析，而是从动态的角度观察经济发展问题，并对经济发展动态过程中的不均衡现象，给予了高度的重视。

第四，他的研究一般采用经验式的方法，其研究的重点往往放在可观察到的人或社会行为方面，比较注重对实际证据的分析，而不主张在纯理论概念上兜圈子。

在此，我还想简述一下舒尔茨的人口素质及人力资本理论对经济理论发展的意义。首先，他的人力资本理论对某些使用传统经济理论无法阐述清楚的经济现象做出了全新的解释，并使原有的经济理论结构发生了重大变化。其中有关人力资本概念的引进，使整个资本理论呈现出一种全新的面貌。其次，他有关可提高人口素质的教育及健康保健等社会活动的分析，起到了将经济学的研究和分析范围进一步扩展，使经济学深入更多社会领域的作用。严格地说，舒尔茨的人力资本理论所具有的政策意义或许要大于其理论上的意义，这一点，是他和他的理论从 20 世纪 60 年代起即备受美国及西方各国政府、各大公司、大财团，以及全世界发展中国家青睐和重视，并且其影响至今不衰的原因之一。他所提出的有关经济发展和经济增长的建议，特别是有关重视和发展教育和医疗保健事业，以及改进农业技术等建议，对各发展中国家来说，无疑是中肯的，也是极其贴切的。这些建议和道理，尤其值得像我们这样的无论从人口的数量，还是从人口质量的角度看，都应当将人力资源开发放在第一位的发展中国家研究与借鉴。

然而，与此同时，我们也不应忽视舒尔茨教授在理论上的某些牵强、疏漏，乃至谬误之处。首先应引起我们注意的是他的理论在对美国及其他西方国家社会生活及思想观念的某些方面进行抨击的同时所表现出的浓厚的辩护色彩。其次，他为了强调人的能力和素质的重要性而对发展中国家人口的快速增长显得有点儿盲目乐观的态度，用我们现在的眼光来看，显然应当加以批判。我想，或许有相当一部分读者，在读到本书中舒尔茨教授描绘自己是如何对他的老师罗斯教授的《只有站票》一书进行讽刺的段落时，会和我一样感到不太舒服；因为，倘使我们能在若干年前就像罗斯教授那样敏感，预见到人口的激增给今天的中华民族所带来的巨大压力和种种难题，我们的前途或许会更加光明。

三、关于本书的一点说明

本书出版于 1982 年，其主要内容来源于他的系列专题讲座，出版前又经他本人对全部书稿亲自加以修改和编撰。仅从这本书的内容来看，我们已有足够的理由可以认为它是作者各方面研究成果的浓缩和总结。事实上，本书的前四章主要是作者的理论阐述，涉及贫困经济学、人口质量经济学、教育经济学，以及人的时间价值经济学。这些理论的阐述都以他的人力资本理论为核心，阅后便可基本上了解和领略舒尔茨经济理论的全貌。本书的后三章是作者对美国的教育、科研，以及国际援助机构的混乱和扭曲现象的抨击，集中体现了他的价值观念、思想方法和理论主张。通过阅读他的批评，我们可以窥见美国的教育及科研等领域的制度特征，以及存在的弊病，从而引以为戒。更为重要的是，他的这些抨击往往会使人对某些司空见惯的社会现象和制度加以思考，并进行重新考察，从而获得观念上和思想方法上的启迪。

综观全书的主要观点，可以简单归纳为以下几点：①从农业经济学和人力资本投资的角度论证了世界上大多数穷人都可以依靠农业来维持生计，甚而增加福利的道理；②摆脱低收入国家普遍存在的，世界性贫困的出路是增加世界粮食生产；③我们所生活的地球具有大规模增加粮食产量的潜力，世界性的贫困和饥饿是一个可以克服的问题；④阻碍世界粮食产量增加的主要原因是人的素质和其他投入的质量的低下，以及由发展中国家和捐赠国政府，还有各种国际援助机构所造成的经济扭曲。

在阅读本书时还应当注意到的一个问题是，虽然舒尔茨对政府企图用限制市场在农业的投入产出分配中的作用的方法来管理农业部门持批评态度，但是我们却不应将他的分析理解为反对政府在改善经济环境中发挥应有的作用。事实上，舒尔茨认为，政府在收集和公布农业统计数据，制定和贯彻执行农产品计量标准；确定和加强财产权利，预防、控制和治疗牲畜及农作物的疾病，减少广义的经济不平衡，以及对农业研究机构的建立和发展予以资助等方面与私人部门相比，具有相对优势。他还认为，这几个方面实际上都体现了政府对市场经济的支持。这就为政府在发展经济的过程中采用具有创造性和市场化的行动指出了广阔的前景。从某种意义上讲，舒尔茨的这一观点似乎是为我国目前的体制改革中所提出的，以市场主体运行为主，政府相机进行宏观调控的理念，提供了一些依据。这一点，似乎使本书更值得一读。

本书在文字上充分显示了舒尔茨的固有风格，貌似简洁、平实，但含义深刻。然而，这种简洁的文字和深刻的含义，也确实给翻译工作造成了一定的困难。尽管笔者兢兢业业，精雕细刻，却还是常常感到能力有限，怀疑自己有所误译，故在此恳请诸位读者指正。

吴珠华

2001年6月于北京

目　　录

序

约翰·莱蒂奇

这部由诺贝尔经济学奖得主西奥多·W.舒尔茨（Theodore W.Schultz）为专业人士，同时也为普通读者所写的书，对人口质量经济学及其遍及全球的政策意义，进行了具有重大贡献的分析。他的分析，开创了一条从理论上证明以适度投资于企业家能力的方式来应付动态经济中普遍存在的不平衡现象的道路。实际上，在他的分析中，最具突破性的论点在于，无论是在富国，还是在穷国，其经济生产能力与国民福利之间都会具有生死攸关的联系。

舒尔茨教授在本书中论证并明确指出，为国民福利提供保障的关键因素是对人和知识的投资。他坚决反对那种虽然广为流行但却极端错误的观点，即认为地球上有限的空间、能源、土地，以及其他物质资财会对改善人类生活起着决定性的限制作用。舒尔茨指出，人们后天获得的能力——他们的教育、经验、技能，以及健康水平——是取得经济进步的根本原因。他简洁而富于启发性地阐明了甚至一些前辈经济学大师，如亚当·斯密（Adam Smith）、大卫·李嘉图（David Ricardo），以及托马斯·马尔萨斯（Thomas Malthus）等人，都未能预见到的西方工业化国家经济发展主要靠的是人口质量的原因所在。目前这些国家国民收入的很大部分都来源于工资性收入(在美国该比例占 4/5),只有一小部分国民收入来源于物质资产。舒尔茨在本书中所提出的有关人的时间价值之增长的论点、论据十分充分,我认为,他对这一问题的卓越阐述,将会成为经济学文献中的经典。

本书就有关人口质量问题所进行的实质性分析,很可能会比舒尔茨教授对当前各经济援助国及国际经济援助组织在试图帮助穷国时所采取的政策的批评性评价,更乐于被人们所接受。他强调指出,在经济发展中占首要地位的,是人口质量的提高。他还根据自己所掌握的大量有关农业及发展方面的知识和调研结果,就下列基本原则提出了一些新颖的见解:①在知识进步的过程中物质资本和人力资本均得以增长;②使富国的经济学家感到非常难以理解的严重的资源限制对低收入国家的意义的根本原因;③决定其经济选择的穷人的偏好的性质;④发展中国家的穷人与比其富裕得多的人同样想往努力工作和改善自己及其子女命运的充分证据的意义。

舒尔茨教授还通过进一步分析表明,发展中国家和发达国家穷人的潜在经济生产能力之所以均未被认识到,是因为存在着一系列各种各样严重的经济扭曲现象。他对政府在国民经济发展中的行为所造成的后果,给予了特殊的关注,并利用这种显然是很有力的理论,有效地分析了大城市的学校教育经济学、基础科研工作,以及由国际经济援助组织所造成的种种经济扭曲现象。

在谈到美国的具体例子时,舒尔茨教授以一种富于煽动性和挑战性的态度指出,美国联邦政府在很大程度上对教育及基础科研工作施行了垄断性的控制,其对高等教育的干预,已严重地损害了高等教育的真正功能。他还考察了国际经济援助组织将不恰当的公平目标注入对外援助项目所造成的影响，并进一步指出，由于很多低收入国家已从其所犯错误中吸取了教训，一些高收入国家——包括美国在内——对有关经济生产能力基本原则的理解，似乎已不再被世界所认同。舒尔茨教授富于创造性地将其分析与近年来美国生产力增长的停滞现象联系起来，他所强调的是一种靠投资于企业家能力而获得的增长。他对这一问题的讨论将无疑会导致大量新的定量性理论研究方面的惊人进展*。

本书根据舒尔茨教授于1980年在加利福尼亚大学伯克利分校所做的罗耶系列讲座（The Royer Lectures）编辑而成。希望读者能与我们一起分享对其准备工作的及时完成的感激，以及对其出版的自豪心情。

* 有关此问题的详尽分析，请参见西奥多·舒尔茨的“企业家能力投资”，原载《斯堪的纳维亚经济学期刊》，第82卷（1980年12月）：未标明页数。

前　言

人们常常对所能拥有的食物、能源、生存的空间，以及地球上其他各种物质资源感到忧虑。这种忧虑是由来已久的，早在 19 世纪初，大卫·李嘉图(David Ricardo)和马尔萨斯(T. R. Malthus)便曾肯定地表示，地球上的物质资源将很快被消耗殆尽。该预言的主要根据是，他们认为地球上的物质资源数量会呈不断减少的趋势。从这个角度讲，我反对他们的观点。因为正确的评估方法必须将人类应付地球上物质资源变化的能力计算在内，而李嘉图和马尔萨斯那种只考虑地球本身的评估方法忽略了人类的这种能力。全世界的人类后天所获得的能力的增长，以及在运用科学知识方面的进步，是决定其未来经济生产能力及提高其生活水平的关键。

我最主要的论点是，在人口质量及知识方面的投资，在很大程度上决定了人类未来的前景。如果我们将这些投资计算在内，就一定不会听信有关地球之物质资源将被耗尽的可怕预言。近几十年来许多低收入国家所取得的明显可喜成就，便是其在人口质量方面的投资。它们在科研方面的投资，尤其是在农业科研方面的投资，也已取得了令人振奋的进展。一些尚未解决的经济问题，主要是由各国政府在其国内引起的各种经济扭曲所造成的。

本书所论述的主要内容，包括了我近年来的大部分思考和研究成果。此前我曾出版过多种有关这些问题的论著，仅在此对允许我从这些已出版的论著中引用部分内容的出版社及编辑表示感谢，并很高兴在此对下列各位致以谢意：诺贝尔基金会主席斯蒂格·拉梅尔(Stig Ramel)；锡拉丘兹大学出版社编辑沃尔达·梅特卡夫(Walda Metcalf)；国际教育计划研究所所长比卡斯·桑格尔(Bikas C. Sangal)；国际经济学会第五届世界代表大会文件汇编编辑马修斯(R. C. O. Matthews)；伊利诺伊大学出版社《教育资金的筹措：克服低效率和不公正》一书的编辑沃尔特·麦克马洪(Walter W. McMahon)和特里·格斯克(Terry G. Geske)；科学和工业博物馆馆长维克托·丹尼洛夫(Victor J. Danilov)；美国农业经济学杂志编辑詹姆斯·罗兹(V. James Rhodes)。

本书的写作基于我应约翰·M.莱蒂奇(John M. Letiche)所做的罗耶系列讲座。他对该讲座的安排非常令人满意，而且我发现每次讲座后所进行的那些讨论都非常值得参加。莱蒂奇教授还提出过一些对我准备这些讲座来说十分有益的建议。在此，我想对加利福尼亚大学出版社社长詹姆斯·克拉克(James H. Clark)及其编辑对我的特殊要求及文字风格的宽容态度表示感谢。

我的秘书及行政事务助理，威廉·塞勒斯(William K. Sellers)，为准备出版此书付出了大量的时间和精力。

仅在此对长期担任我的编辑顾问的弗吉尼亚·瑟纳夫人(Mrs. Virginia K. Thurner)为此书的出版所发挥的巨大作用，表示深深的谢意。

西奥多·舒尔茨

1980年9月5日

第一篇

贫穷的国家和地区

第一章　穷国的经济*

世界上的人大多数非常贫穷，倘若我们懂得穷国的经济学，就会理解经济学中许多真正重要的问题。世界上的穷人大部分靠农业谋生，倘若我们懂得农业经济学，就会理解穷国的经济学的大部分主要内容。

经济学家发现，要想理解迫使穷人做出自己选择的有关偏好和稀缺方面的各种因素十分困难。我们都知道，世界上的人大部分很穷，他们凭着自己的劳动挣得微薄的收入，这微薄的收入要有一半以上用于购买食物。这些穷人基本上都住在低收入国家，其中大多数人靠农业谋生。有许多经济学家都没能弄懂的是，穷人和富人同样地关心如何改善自己及其子女的生活状况。

近几十年来，我们所了解的农业经济学在大多数富于理智和见多识广的人们看来，显得十分的不可思议。许多低收入国家的农业生产都具备着潜在的经济能力来生产足够的食物，以满足仍

---

* 这一章是以我于 1979 年 12 月 8 日在瑞典斯德哥尔摩诺贝尔奖颁奖大会上的演讲稿为基础写成的，该演讲稿的版权为 1979 年诺贝尔基金会所有。仅在此感谢加里·贝克尔、米尔顿·弗里德曼、哈伯格、盖尔·约翰逊，以及保罗·舒尔茨等为我写作此文所提出的宝贵建议。同时，我还要感谢我的妻子伊萨·舒尔茨，是她的支持使我能够清晰地表述自己的思想。

然在不断增长的人口之需要，并且可以提高穷人的收入，大大地改进其福利状况。改进穷人的福利的关键性生产因素不是空间、能源和耕地，而是提高人口质量，提高知识水平。

在最近的几十年里，学院派经济学家的工作极大地扩展了我们对人力资本经济学的理解，尤其是对于科学研究的经济意义、农民对可带来收益的新技术的反应、生产与福利之间的关系，以及对家庭经济学的更进一步了解。然而，他们的这种发展经济学却犯了几个知识上的错误。其中一个主要的错误是，他们假设标准的经济理论不适用于理解低收入国家的经济情况，而需要建立一门独特的经济理论，才能解释这类国家的经济发展状况。直到事实证明了为此目的而逐步研究出来的各种模式至多也不过是经济学家头脑中的好奇心的产物，人们才不再那么普遍地赞赏这些模式了。在这种情况下，尽管文化和行为学者们对其研究成果的此种用法令人同情地感到忧虑，一些经济学家还是转向用文化和社会学的理论来解释他们所认定的所谓低收入国家穷人的经济行为。但是，目前已有越来越多的经济学家开始认识到，与适用于解决高收入国家的相应问题一样，标准的经济学理论也适用于解决低收入国家的经济匮乏问题。

发展经济学的第二个错误是忽略了经济学发展的历史。当古典经济学开始发展起来的时候，西欧大多数人民正在勉强从其耕种的土地上“挖”出自己的生存必需品，那时他们也注定只能享有很短的寿命。这就是说，早期的西方经济学家所要研究和论述的经济环境与当今这些低收入国家普遍具有的经济环境十分相似。在李嘉图的时代，英国劳动者家庭收入的一半必须用于购买食物，这种情况与今天的许多低收入国家一样。马歇尔指出，在李嘉图发表他的《政治经济学及赋税原理》(*Principles of Political Economy and Taxation*，1817)的那个时代，“英国劳动者每星期的工资常常要比半蒲式耳优质小麦的价格还低”[①]。现在一个印度农民的周工资也略低于两蒲式尔小麦的价格[②]。人们长期所积累的经验以及穷人目前所取得的成就，可能会大大地有助于理解今天的低收入国家所存在的问题及其获得解决的可能性。这种理解远比那些有关土地、生态，以及未来技术的最详尽和最准确的知识更为重要。

发展经济学的不足之处，还在于缺乏对人口问题的历史性认识。根据现在的世界统计资料进行的推断和阐释，我们所得出的骇人结论是：穷人们像旅鼠一样地大量繁殖造成了他们自己的灾难。然而，在我们自己的社会和经济历史上，当人们很穷的时候，并没有发生这种人口大量增殖的现象。因此，有关当前穷国的毁灭性人口增长的预言同样是没有什么根据的。

第一节　对土地的估计过高

有一种被普遍接受的观点，即“自然的土地观”认为，适宜于生产食物的土地实际上固定不变，而耕种这些土地所能提供的能量

---

① 阿尔弗雷德·马歇尔：《经济学原理》第8版，纽约：麦克米兰公司，1920年，第XV页。

② 西奥多·舒尔茨：“人类时间价值不断增长的经济学”，原载马修斯主编的《经济增长和资源(第2卷)：趋势和要素》，伦敦：麦克米兰公司，1980年；以及“国际经济学会第五次世界代表大会文件汇编”，东京。

正在逐渐被耗尽。根据这种观点，现有的耕地不可能继续为不断增长的世界人口提供足够的食物。另外一种观点，即“社会经济观”认为，人类的能力和智识能够使其减轻对耕地、传统的农业，以及正在被消耗掉的能量资源的依赖，而且能够降低为日益增长的世界人口提供食物的物质生产的成本。通过研究，我们找到了耕地的替代物，这是李嘉图未能预见到的。而且，当家庭收入增加时，父母会选择少要一些孩子，用孩子的质量代替数量，这一点，是马尔萨斯未能预见到的。令人啼笑皆非的是，长期以来被贴着沉闷的科学之标签的经济学现在表明，苍白无力的自然土地观在有关食物的看法方面并不符合历史。历史已经证明，我们能够通过知识的进步来增加资源。我很赞同玛格丽特·米德（Margaret Mead）的说法：“人类的未来是没有尽头的。”人类的未来并不是预先由空间、能源和耕地所决定，而是要由人类的智识发展来决定。

土地生产率的差异无法解释为什么世界上长期以来一些有人类定居的地方的人民会非常贫穷。多少年来，居住在降雨稀少、土地生产率不高的德干高原和居住在土地生产率很高的印度南方的印度农民，同样一直都很贫穷。在非洲，无论是生活在撒哈拉大沙漠南部周边不毛之地的人，还是住在大峡谷那陡峭山坡上稍稍肥沃一些的土地上的人，或者是生长在尼罗河口及其冲积平原这类大粮仓上的人，都有一个共同的特点，那就是，他们全都十分贫穷。同样，被很多人大力宣扬的在低收入国家广泛存在的人均土地之差异，也不是造成明显贫富差距的原因。对耕地来说，最要紧的是各种刺激因素和与农民必须通过投资来提高土地的有效供给相关联的程度，这些投资包括农业科学研究和提高人的技能。构成高收入国家和低收入国家经济现代化的一个共同内容是，耕地的经济重要性在下降，而人力资本，即知识和技能的经济重要性在上升。

一般来说，经济学家通常不顾经济学的发展历史，在对土地的看法方面仍然遵循着李嘉图的思想。但是，李嘉图的那种所谓“原始的和不可破坏的土壤能力”的观念，即便过去曾经适用，但现在也已经不再适用了。随着时代的发展，高收入国家中地租占国民收入增长的份额，以及与之相关的地租的社会政治地位，已经明显地有所下降；在低收入国家也发生了同样的情况。

为什么李嘉图的地租理论（该理论认为地租是由价格所造成的，而不是形成价格的原因）逐渐失去了其经济刺激的意义呢？其主要原因有二：首先，长期以来的农业现代化已经把原始的土地改造成了比在其自然状态下具有更高生产率的资源；第二，农业科学研究已经为我们提供了一些可以替代耕地的东西。除了某些地区以外，欧洲的原始土壤的质量大都十分低劣，但是现在它们却具有了较高的生产效率。芬兰的土质原本比邻近的苏联西部地区土地的生产效率要低，然而目前芬兰耕地的质量却大大超过了苏联。日本耕地的生产率最初远远低于印度北部的耕地生产率，而如今却比后者要高得多。在低收入和高收入国家中所发生的这些变化，其部分原因是农业科学研究所取得的成果，其中包括具体体现在购买化肥、杀虫剂、农药、生产设备，以及其他生产投入方面的研究工作。农业科学研究的发展，使我们现在已经拥有可以替代土地的新资源，或者说是扩大了土地的面积和生产能力。这种替代的过程可以通过玉米这种作物得到很好的证明：美国 1979 年玉米的种植面积，比其 1932 年的玉米种植面积少了 1 336.5 万公顷，但是其产量却高达 77.6 亿蒲式耳，是 1932 年玉米总产量的 3 倍。

第二节　对人口质量的因素估计过低

土地本身并不是使人贫穷的主要因素，人的能力和素质则是决定贫富的关键。也就是说，旨在提高人口质量的投资能够极大地有利于经济繁荣并增加穷人的福利。对儿童的关怀照顾、在家务及职业工作方面的经验、通过学校教育获得知识和技能以及其他在健康和教育方面的投资，都可以提高人口质量。只要没有不稳定的政治因素的干扰，低收入国家的这类投资都能成功地促进经济繁荣。这些国家的穷人并不是那种经济学上打不破的贫穷均衡状态的永久囚犯，世界上也没有一种力量能够绝对地消除一切经济改革的作用，并使穷人放弃改善经济地位的奋斗。现在已有充分的证据表明，在农业生产中，穷人确实已经对能够改善生活的较好机会作出反应了。

这些既从事生产劳动又参与分配资源的农业劳动者和农业企业家通过对新的机会和刺激因素做出反应，构成了农业生产中人力资源占主导地位的远大前景。然而，在许多低收入国家，这些直接表现在农民们所接受的农产品价格和他们所支付的生产及消费品价格当中的刺激因素，却遭到了严重的扭曲。这种由政府造成的扭曲使得农业本来能够对经济发展所作出的贡献大大减少了。

尽管低收入国家的农村人口比城市人口要多[①]，但是由于其国内的政策一般总要有利于城市，而不惜牺牲农村人民的利益，从而使这些国家的政府倾向于推行歧视农业的扭曲政策。城市消费者和工业的政治影响使其能够以损害大量农村穷人的利益为代价，迫使食物的价格低廉化。在农业生产固有的落后状态下，虽然经过“绿色革命”(指发展中国家为解决粮食问题而推广的大规模改良农业的活动。——译者注)，其经济重要性仍然处于较弱社会环境中，这种对农业的歧视已被合理化了。人们主观地认为，这些社会地位低下的庄稼汉对经济刺激不会有什么反应，而且会极其顽固地坚持使用传统的耕作方式不肯改变。在这些国家，迅速的工业化被看成是经济进步的关键，因此要在政策上给予工业极大的优先权，并保持食品的低廉价格。目前有些国际经援组织仍然支持这种观点，并且一些高收入国家的经济学家还在理论上将其合理化了。这种现象，虽然令人遗憾，然而却是事实。

全世界的农民都在与成本、利润和风险打交道，从这一角度讲，他们都是时刻在算计个人收益的经济人。在自己那小小的、个人的和进行资源配置的领域里，这些农民都是企业家。他们总是能够十分精妙地、敏锐地与经济形势相适应，以致使得许多经济学专家都无法认识到这些人的效率有多么高[②]。尽管由于教育、健

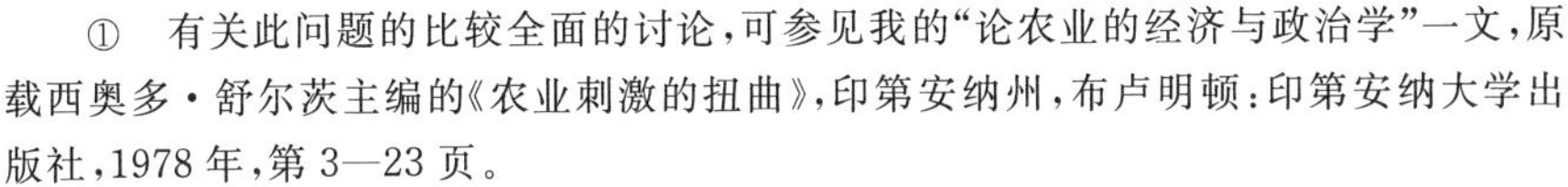

① 有关此问题的比较全面的讨论，可参见我的“论农业的经济与政治学”一文，原载西奥多·舒尔茨主编的《农业刺激的扭曲》，印第安纳州，布卢明顿：印第安纳大学出版社，1978 年，第 3—23 页。

② 参见西奥多·舒尔茨：《改造传统农业》，纽黑文：耶鲁大学出版社，1964 年；纽约：阿尔诺出版社，1976 年再版。

康，以及个人经历等方面的原因，农民在对新知识和新信息的感知、理解和采取适当行动的能力方面存在着差距，但是他们却为企业家素质提供了最基本的人力资源[①]。在大多数农民家庭中，妇女在家务生产活动中对其时间的分配，以及在使用农产品和购买商品方面，也都是企业家[②]。由于农业一般地说是一个高度分散的经济生产部门，因此，在一个个小规模的生产单位中，成千上万的男女劳动者都表现出了配置资源的能力。然而，在由政府接管了这种企业家职能的农业生产活动中，却没能成功地提供一种可促进农业现代化的有效配置方法，来替代他们所表现出来的企业家能力。这些农民和农妇们配置资源的能力和作用十分重要，他们的经济机会也事关重大。

在科学研究中也必须具备企业家的能力。这种工作需要对稀缺资源进行组织和分配，总会有些风险。科学研究的本质是对完全未知或部分未知的问题进行探索的动态风险过程，在这一过程中，基金、组织和有能力的科学家都是必不可少的，但是，仅有这些还不够，还需要具备科研工作的企业家能力。这一职能由科学家或者在经济研究部门工作的其他人员来履行。在现有的知识水平状态下，必须有人来确定如何分配可得到的有限资源。

---

①　菲尼斯·韦尔奇："生产过程中的教育"，原载《政治经济学期刊》第 78 卷（1970 年 1—2 月）：第 35—39 页；以及《农业刺激的扭曲》，第 259—281 页，韦尔奇的"人力资本投资在农业生产中的作用"，《农业刺激的扭曲》，第 223—245 页；罗伯特·埃文森的"低收入国家中改进农作物和牲畜品种的科研组织"。

②　西奥多·舒尔茨：《家庭经济学：婚姻、子女和人力资本》，芝加哥：芝加哥大学出版社，1974 年。

第三节　不平衡的必然性

人们通常认为，一国的农业生产量向日益增长的状态转化的过程就是农业的现代化。在此过程中，由于可能得到更好的机会，所以必须调整农业的生产经营方式。在一个动态的经济过程中，应付不均衡的能力具有很重要的价值[①]。这种不均衡是必然的，无论是法律，还是公共政策，都无法将其消除，花言巧语也肯定不能改变经济的不均衡状态。各国政府都不可能有效地发挥农民企业家的作用。

将来的历史学家毫无疑问地会对近几十年间经济刺激不断遭到损害的现象和程度感到困惑不解。近几十年来，权威的知识界人士对有关农业刺激的观点持敌对态度，流行的经济政策也蔑视对生产者进行经济刺激的作用。盖尔・约翰逊(D. Gale Johnson)指出，很多低收入国家在农业方面的巨大经济潜力还尚未发挥出来[②]。人们越来越欣赏的是，在技术上进行变革的可能性，而对必须给予这些国家的农民一些经济刺激，以使这种潜力得以发挥的认识却十分混乱。造成这种现象的原因，是由于缺乏相关的

① 参见西奥多・舒尔茨："应付不平衡能力的价值"，原载《经济文化学期刊》第13卷(1975年9月)：第827—846页。

② 盖尔・约翰逊："发展中国家的粮食生产潜力：它们是否将会得以发挥？"，原载经济研究局非定期出版论文集第1号(明尼苏达州，圣保罗市：麦卡莱斯特学院，1977年)；以及同上著者，"减少经济刺激之扭曲的国际价格与贸易"，原载《农业刺激的扭曲》，第195—215页。

信息，或是由于农民所面对的成本和价格都被扭曲了。尽管农民需要能够带来利润的刺激，他们却仍然没有进行必要的投资，其中包括购买较为优良的机器设备和其他生产性投入。政府的干预是目前缺乏最适度的经济刺激的主要原因。

第四节　在人口质量方面取得的成就

现在我们来看看在农业和非农业这两种经济部门的人口质量方面所获得的明显收益。这里所说的人口质量包括各种形式的人力资本。我已经表明的论点是，当我们能够在某种情况下给人力资本的概念下一个确切的定义时，就会令人感到模棱两可；同样的问题一直在困扰着通常意义上的资本理论，尤其是各种经济增长模式中的资本概念①。资本是一个具有两重性的概念，并且当我们用这两重性来解释作为一种动态过程的经济增长问题时，一般来说所得出的结论并不一致。用资本的两重意义来解释经济增长时之所以必定会产生矛盾，是因为对成本的阐述会涉及投资受损的问题。例如，一旦某个农民投资于马拉的机械，那么这种机械对于使用拖拉机来说就几乎没有什么价值了。另一个原因与这种资本所提供的服务趋势的价值的贬损有关，这种价值的贬损会随着增长周期的不断变动而发生变化。但是，更糟糕的仍是那种在涉及基本的资本理论和各种增长模式的资本聚集问题时所做出的假

① 西奥多·舒尔茨："人力资本：政策问题与研究机会"，原载《人力资本》，纽约：全国经济研究所，1972 年。

设，即认为资本是同质的。事实上，不仅在农业生产中，而且在所有其他生产活动中，每一种资本形式都具有其特定的性能，它可能表现为一座建筑物、一台拖拉机、一种特殊类型的化学肥料、一眼水井，以及许多其他的各种形式。正如希克斯（Hicks）告诫我们的，这种资本同质性的假定是资本理论的灾难①。无论是从要素成本的角度，还是从其许多部分的整个服务期间的价值贬损的角度来解释资本聚集，我们都可以通过分析随着由于收益率的不同而造成的资本不均等变动的经济增长动态，来证明这种假定很不恰当。现存的所有增长模式也都无法证明，这些不均等的东西能够相等。

但是，人们为什么还要试图去做这种办不到的事呢？要真是看不到这些不均等，我们还必须设法自己造出来，因为它们是经济增长的主要动因，其之所以成为主要动因，是由于这些不均等是令人不得不关注的增长的经济信号。于是，经济增长的最本质部分之一，就被这样的资本聚集给掩藏起来了。

人力资本价值的增长要根据人类由其所获得的附加福利来确定。人力资本有助于提高劳动生产率，也有助于提高人们的企业家才能，这种才能在农业和非农业生产中，在家庭生产中，在学生们分配自己受教育的时间和其他资源时，以及在向较好的职业机遇和生活地点迁移的过程中，都具有很高的价值。这种企业家式的能力对于满足作为一个整体的当前消费与未来消费，也会发挥

① 约翰·希克斯：《资本与增长》，牛津：牛津大学出版社，1965年，第3章，第35页。

十分重要的作用。

我研究人口质量的方法是把这种质量当作一种稀缺资源，这意味着它具有经济价值，还意味着获得它需要付出一定的成本。在分析可决定在一段时间内所获得的人口质量的类型和数量的人类行为时，关键是了解人们从所增加的人口质量中可获得的收益与为得到这一质量所需付出的成本之间的关系。当其收益超过成本时，人口质量就会提高。这意味着任何一种质量因素的供给的增加都是对其需求的反应。在这种按照供求关系探讨人口质量投资的方法中，所有的质量因素都被看作是在一段时间内有用的、耐久的和稀缺性的资源。

我的假设是，许多低收入国家这些年来从各种人口质量因素中所获得的收益一直在增长；企业家从其配置资源的能力中所获得的收益在增长；这些国家从其在抚养照料儿童、发展教育和改善人民健康状况等方面的投资中所获得的收益也在增长。而且，他们还通过降低获得大部分这类质量因素所必须付出的成本，进一步提高了其收益率。在此期间，这些低收入国家对于儿童质量和成年人本身质量的需求的不断增长，有利于使他们只想养育较少数量的子女①，因而，提高人口质量的运动有助于解决这些国家的人口问题。

① 加里·贝克尔和奈杰尔·托姆斯："孩子的天赋才能及其数量和质量"，原载《政治经济学》第84卷，第2部分(1976年8月)：第143—162页；马克·罗森兹威格和肯尼思·沃尔平："人口出生率数量—质量检验模型：利用双胞胎所进行的自然实验"，油印品(耶鲁大学经济增长中心，1978年10月)。

第五节　健康投资

人力资本理论把每个人的健康状况都当作是一种资本的储备，即健康资本，并认为其作用是提供健康服务[①]。人们所具有的最初的健康资本存储的质量，一部分是先天即有的，一部分是后天获得的。随着时间的流逝，健康资本储备会逐渐贬值，而且越到人的生命后期这种贬值的速度就越快。人力资本的总投资涉及获得和保持这些资本所必须付出的成本，其中包括抚养照料年幼的孩子、营养、衣着、住房、医疗保健，以及自我照顾所需付出的成本。健康资本所提供的服务由"健康时间"，或者说是可以用来进行工作、消费，以及各种闲暇活动的"无病时间"所组成。[②]

毫无疑问，许多低收入国家通过人口寿命的延长所展示出的健康状况的改善，是人口质量提高的最重要表现。大约从 1950 年以来，在很多这类低收入国家，人口从出生时的预期寿命已延长了40%以上。婴幼儿死亡率的下降仅仅是这一成就的一个组成部分。儿童、青年，以及成年人口的死亡率也在下降。

拉姆(Ram)和舒尔茨研究了印度近些年来的人口发展经济

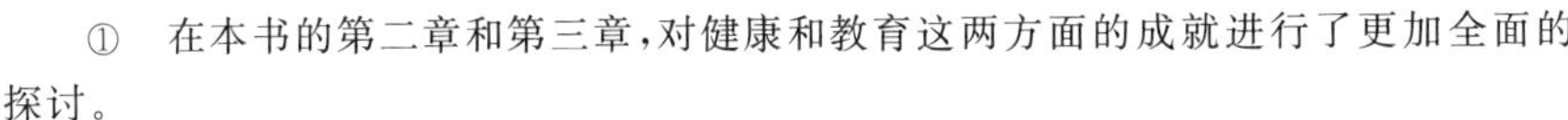

① 在本书的第二章和第三章，对健康和教育这两方面的成就进行了更加全面的探讨。

② 艾伦·威廉斯："健康服务计划"，原载阿提斯和诺贝主编的《现代经济分析论文集》，爱丁堡：布莱克韦尔出版公司，1977 年，第 301—335 页；格罗斯曼：《健康需求》，全国经济研究所不定期出版文集第 119 号，纽约：哥伦比亚大学出版社，1972 年。

学[①]，得出的结论与其他低收入国家的情况相一致。从1951年到1971年的20年间，印度男性从出生时的预期寿命延长了43%；女性从出生时的预期寿命延长了41%。在1971年，按年龄分组统计的印度男女人口的预期寿命，从10岁以上、20岁以上，直到60岁年龄组，也都比1951年要长得多。

人口寿命的延长在这些国家普遍产生了有利的经济意义。虽然我们很难具体地衡量出人们从较长的寿命中究竟能获得多少补偿，但是厄舍(Usher)还是为我们设计出一种富于独创性的经济理论，以用来确定人们从预期寿命的增加中所获得的效用。他所进行的实证性分析表明，预期寿命的延长所附加的效用大大提高了个人收入的价值[②]。

较长的人口寿命提供了额外的刺激，促使人们去接受更多的教育，因为教育是对未来收益的投资。父母们增加了对其子女的投资；进一步的在职培训变得很有价值；更多的健康资本和其他形式的人力资本有利于提高劳动者的劳动生产率。寿命的延长使人们作为劳动大军的一员从事生产劳动的时间更长，还使"生病时间"减少。较好的健康状况又转而导致了生产劳动中单个人的劳动生产率的提高。

拉姆－舒尔茨(Ram-Schultz)的研究证明了印度由农业劳动

---

① 拉蒂·拉姆和西奥多·舒尔茨："寿命、健康、储蓄和劳动生产率"，原载《经济发展和文化变革》第27卷(1979年4月)：第399—421页。

② 丹·厄舍："由预期寿命的变化所带来的经济增长的衡量方法所存在的问题"，原载米尔顿·莫斯主编的《经济和社会成绩的衡量方法》，纽约：国家经济研究所，1978年，第193—226页。

生产率的提高所增加的收益是改善劳动力健康状况的结果。一个最生动的例证是，实施根治“周期性”发作的疟疾的计划对劳动生产率的提高所产生的作用。

第六节　教育投资

人口质量的提高在很大程度上是由于接受了更多的教育。但是计算上学期间所需花费的成本时，必须将儿童为其父母所做工作的价值包括在内。因为即使是非常年幼的孩子，在其上学的最初几年，大多数父母也都要牺牲掉这些孩子通常所做的工作为自己带来的价值[①]。教育的另一个独特性质可被称为年代效用，当每个孩子都能接受更多的教育时，就会产生这种效用。较为年长的人大多数都从小就是文盲，在其长大之后还要继续过着很少或根本不可能有机会上学读书的生活；而这些受过较多教育的孩子在进入成年时期以后，却会获得教育所带来的益处。

1950—1951年至1970—1971年，印度的人口大约增长了50%。在此期间，6岁至14岁的儿童入学率上升了200%而中学生和大学生的增长率还要高得多。由于上学读书本质上是一项投资，因此若将所有的教育支出都当作是当前消费实在是一个严重

① 英迪拉·玛希加：“印度农村：孩子的经济作用及其对出生率和学校教育的影响”，选自芝加哥大学博士论文集，1977年；罗伯特·小肖特利奇：“印度农村学校入学人数的社会经济模式”，原载康奈尔大学农业经济系不定期出版论文集第86号（纽约州伊萨卡：康奈尔大学，1976年1月）；马克·罗森兹威格和罗伯特·埃文森：“印度农村家庭孩子的出生率、学校教育和经济作用：计量经济学的分析”，原载《计量经济学》第45卷（1977年7月）：第1065—1079页。

的错误。这个错误的起因，是由于假定上学读书只是一种消费。这种假定把在教育方面的公共支出错误地当成“福利支出”，并将其当作一种具有降低“储蓄”作用的资源利用方式。人们在对健康支出的认识方面，也犯有同样的错误，就是说，把公共的和私人的健康保健支出统统都当作只是一种消费。

在很多低收入国家，包括高等教育在内的学校教育支出都占国民收入的很大部分。这些支出的数额在很大程度上与计量储蓄和投资的传统国民收入会计方式有关。在印度，相对于国民收入、储蓄，以及投资的教育成本所占的比例不仅很大，而且随着时间的推移还趋向于大幅度地增加。

高技术人口

在评价人口质量的时候，非常重要的一点是不可忽略的：内科医生和其他医务人员、工程师、企业管理家、会计人员，以及从事科研工作的各类科学家和工程技术人员数量的增长。

很多低收入国家进行科学研究的能力给人留下了深刻的印象。在这些国家的各个政府部门、产业研究部门，以及正处于发展中的大学研究部门里，都有一些专门的研究机构和研究单位。在这些研究机构中工作的科学家和工程技术人员都受过大学教育，其中有些人还在国外大学接受过教育和培训。他们的主要研究领域包括医药、公共卫生（控制传染病和提供健康服务）、营养、工业、农业，甚至一些原子能方面的研究项目。在此，我想简单谈谈这些国家在农业方面的科研工作，因为我对此最为熟悉，而且有关这方面研究的文献报道也很多。

最初由洛克菲勒基金会和墨西哥政府合作创立的一些国际农业研究中心，其创建及资金筹措过程是一种规程十分严谨的制度上的创新。但是，我们对22个低收入国家1959—1974年的农业科研发展情况所进行的考察结果显示，在此期间，这些国家的农业科学家的人数大大地增加了。这表明尽管这些国际研究中心的工作十分出色，却并未能够取代这些国家自己的农业研究机构。总起来看，这些国家在1959—1974年致力于农业科学研究的全时工作的科学家人数增加了3倍多。到1974年，这些低收入国家从事农业科学研究的科学家人数已超过13000名，这类科学家人数最少的国家是象牙海岸，为110名，人数最多的国家是印度，超过2000名[①]。在1950—1968年，印度用于农业科学研究的实际支出增加了3倍。一项由该国政府部门所做的分析表明，这些支出的收益率接近于40%，与其他大多数为增加农业生产而进行的投资的收益率相比，这一数字确实很高。[②]

尽管我们现在对于穷国的经济发展确实仍然知之甚少，但是，近几十年来，我们在对有关低收入国家经济动态的了解方面，还是取得了很大的进展。我们已经懂得，穷人与那些像我们这样的使他无法与之攀比的富人一样，非常关注其自身及子女的生活状况的改善，他们也同样不比我们缺乏从有限的资源获取最大利益的能力。对这些国家来说，人口质量和科学知识的关系至关重要。

① 詹姆斯·博伊斯和罗伯特·埃文森：《国内和国际农业科研项目及附加计划》，纽约：农业发展委员会，1975年。

② 罗伯特·埃文森和约夫·基斯列夫：《农业科学研究与劳动生产率》，纽黑文：耶鲁大学出版社，1975年。

许多低收入国家在提高人口质量和获得有用的知识方面取得了很好的成绩。倘若没有政府那些歧视农业的政纲和方针政策的干扰，这些成绩就意味着可喜的经济前景。正如阿尔弗雷德·马歇尔（Alfred Marshall）在其著作中所指出的："知识是最有力的生产动力，它使我们得以征服自然并满足自己的需要。"

虽然如此，世界上的大多数人却仍然在靠自己的劳动挣取着极其微薄的收入，这些微薄收入的一半，甚至更多的部分，都要用于购买食物。这些人的生活很艰辛。许多低收入国家的农民为了提高产量在尽其所能地拼命奋争，而太阳、地球、季风的运动，以及各种横扫地球表面的破坏性灾难，却对他们的命运毫不关心；农民们的庄稼也常常处于被各种害虫吞吃并毁灭掉的危险当中。大自然操纵着成千上万种与这些农民的辛勤劳作相敌对的力量，但是，知识和人的能力却能够征服自然。

第二章　人口质量投资*

第一章主要讲的是提高人口质量在经济上的重要意义，以及人力资本对提高生产力和改善低收入国家人民生活的作用。马尔萨斯未能预见到为人父母者能以孩子的质量代替其数量；而李嘉图未能预见到科学及农业科学研究的进步对土地的替代作用的进展情况。

我在读研究生的时候，对人口问题的兴趣曾差一点被人扼杀。爱德华·A. 罗斯(Edward A. Ross)教授在他的《只有站票》(*Standing Room Only*)一书首次出版发行的那天未能及时到校为我们上课。于是，一位日本同学便和我一起在教室的黑板上计算，倘若让当时全世界所有的人都站立着会需要占多大面积。我们所得出的数据表明，只需我们威斯康星大学所在的戴恩县的一小部

---

* 本章的大部分实例和分析均出自我的论文"世界各低收入国家的人口质量投资"，该文原载由菲利普·豪泽主编的《世界人口与发展：挑战及前景》，纽约州锡拉丘兹：锡拉丘兹大学出版社，1979 年，联合国人口行动基金会，经锡拉丘兹大学出版社允许重印；本文所用的资料还来源于拉蒂·拉姆和西奥多·舒尔茨合写的"寿命、健康、储蓄和劳动生产率"一文，原载《经济发展和文化变革》第 27 卷(1979 年 4 月)：第 399—421 页。仅在此对加里·贝克尔、唐纳德·麦克洛斯基，以及保罗·舒尔茨对本文所提出的有益评论表示感谢。

分面积就足够了。当罗斯教授走进教室时，看见了我们的计算结果。他为此很不高兴，可是我却仍然选择了经济学作为终生的事业。

现代人口统计学在发表和处置人口资料时所采用的方法非常严谨，而且十分精确。然而，这门学科对人口增长的预测却更擅长于从统计学的角度看问题，而很少运用经济学的理论知识。一般来说，这些资料对低收入国家而言总是极为悲观的。在这些国家的人口问题上，一直存在着一种从统计学角度看十分窘困的处境。计算机可以很容易地算出令我们胆寒的数据，使我们不禁相信求助于宇宙飞船离开地球的想法确有道理。这些数据还表明，要不了多久，地球上就会出现罗斯教授所说的那种“只有站票”的局面。但是，这种观点显然是错误的。从那些经历过贫穷的富国的社会经济发展史来看，这种观点并不正确；而我要在此论证的是，从现在的穷国的人口增长情况来看，它也是错误的。

第一节　人口数量的计算

我们的文化主要是源自欧洲，在欧洲的历史上，曾经长期处于一种人口的出生率和死亡率都非常高的状态。那时的人们过着“几代同堂”的极为贫困的大家庭式的生活，不同时期出现的人口激增现象，都是对增进经济机遇的反应。在近些年里，一些非欧洲国家的人口已经以比历史上的欧洲各国更快的速度趋向于平衡状态。在罗斯的时代，他本人和其他任何人都未能预见到日本人口出生率的迅速下降。以历史的眼光来看，当前各低收入国家人口死亡率的下降，及其人口出生率的较小幅度的下降，必定是一个显著的社会变化。按照历史的标准，这些国家的出生率和死亡率的下降，肯定都是相当迅速的。如若这种下降像在很多低收入国家所发生的那样，伴随着人口预期寿命的增长，就会在经济上十分有利。因为，较长的寿命意味着获得实在的福利，而人们在工作岗位上从事有效劳动时间的延长，可以使其总生产率有所增长。

许多低收入国家近几十年来人口质量的不断提高，是其所取得的一项重要成就。那么，为什么一些人口问题专家对此成就并未予以重视呢？其原因之一可能是，对人口质量进行鉴定和计量的难度非常大。一般的人口研究主要依据的是人口数量理论，除了一小部分经济学家以外，没人致力于发展一种同时兼顾数量和质量的理论。其主要原因在于，人们普遍认为，低收入国家人口的迅速增长使他们不可能在其人口质量方面有所改进。持这种观点的人所依据的假设是，这些低收入国家受其可利用资源的限制，几乎不可能使国民收入和储蓄再进一步增长，达到足以维持其迅速增加的人口的富裕生活水平的程度。因而，其储蓄率根本不够用来进行人口质量投资。在有关人口问题的研究中，并没有对促使低收入国家提高人口质量的社会经济变化过程加以分析，而是列出一长串问题着重强调了一系列不利的发展前景。一些研究报告所得出的结论是，这些国家正日益陷入饥荒、营养不良，以及极端贫困的境地。在“绿色革命”取得了粮食生产方面的成功之后，很多居住在印度及另外一些国家的研究人员宁愿致力于制造一些有关其不利影响的无根据的预言，而不愿进一步探讨在其他农业生产地区推广旁遮普邦的成功经验的方法。

用简单的算术方法计算出来的人口数量很容易使人相信，就业岗位的增加已越来越不可能满足劳动力增长的需求，因此随之而来的便是越来越多的失业。还有另外一个由人口增长造成的不利后果，那就是，它会导致用于投资的积累量在国民收入中所占比例的下降。提出这一观点的人认为，人口的迅速增长意味着更多的个人消费和用于福利项目的政府支出的增长，从而导致了国民收入中可用于储蓄部分的减少。这种论点的错误之一在于，它将学校教育成本的增长看作是纯消费性支出，而教育支出在本质上却是人力资本投资的一种重要形式。

计算人的数目所衡量的是人类的人口数量，在这方面，人口统计学家的工作已做得越来越精确了。马尔萨斯所提出的独特的人口数量理论认为，人口的动态变化要受维持生存的资源收益递减规律的限制。马尔萨斯的质量概念是一种粗糙的最低水平的人口质量，即广大普通人口的基本生存。而在基本生存的范围之外，有关人口质量的概念及其衡量问题主要还由一些特定的应用所组成。除了近年来在经济理论方面的应用之外，目前人们已能应用这一概念从微观（家庭）和宏观（国家）等两个角度来分析问题。

第二节　质量的经济学概念

在经济学中早就提出了有关质量的概念。土地的原始性能在质量上的差别是李嘉图的地租理论的基本内容。耕地的质量，特别是其产出能力，通常能靠投资得以改善。一般地说，各种生产要素，以及人们所生产出来的不同商品及服务的差异，主要是在质量方面。

在这一章，为了更好地说明问题，我们将把各种后天获得的、有价值的，并且能够借适当的投资而增长的人口质量因素，视为人力资本。为了将人类的两种基本才能区别开来，人口质量因素将被等同于人类的才能。人类的一切才能都或是先天所具有，或是后天所获得的。每个人在初生伊始便携带着一副决定其先天才能的特殊基因。虽然先天具有的才能包括的范围很广，但是为了便于分析，我们假定所有国家的大多数人先天所具有的才能均相类似。在这一假定的基础上，我们进一步设想，不同国家之间在人口质量方面的差异，都是由人们后天获得才能的差异造成的。

人类自出生之后所获得的任何质量素质，都需付出一定的可具体计量的成本。每当值得付出这一成本的时候，总会刺激人们去进行质量投资。由父母，主要是母亲所提供的对孩子的抚养照料，是一种可变的人口质量来源。家务和职业工作的经验、学校教育，以及卫生保健，也都是可变的人口质量来源。小孩子从其家庭生活中，以及后来的职业活动中所获得的经验，是各种有用技能的主要源泉。经济的现代化明显地有利于创造各种新的机遇和刺激因素，促使人们获得更多的人力资本。人们进行学习和实验是很重要的事情。例如，旁遮普的农民在采用墨西哥小麦品种的过程中，就曾进行过实验，以为其参加“绿色革命”获取必要信息。现代化是许多需要学习有用的新技能及获取有价值信息的新经验的源泉。学校教育的积极作用处处可见，对此，特别是有关印度的学校教育所带来的收益，我们稍后还要在本章进行详细的探讨。人类健康状况的改善也非常重要。投资于各种不同形式的人力资本的机会和刺激因素相互依赖，相互依存。为了了解所获取的人力资本的实际投资量，必须要格外关注能提高人口质量的变化过程之间的相互作用。

大多数人口专家普遍认为这种经济学的方法并不适用，因为，按照他们的看法，用经济学理论分析穷人的行为是靠不住的。在人口学领域中，这里尚未解决的问题是，谁是实际上需要人口质量的人？谁在准备为获得人口质量而付出代价？人口专家常常为缺乏人口质量而叹息。大多数人口学文献所表达的观点都是，这些低收入国家的穷人没有获取人力资本的动机，因为传统对他们的束缚太强大了。于是，如若需要提高人口的质量，这些专家们就必须设法使政府制订一些公共计划，以强制人们获取人口质量。但是，这样评价穷人的行为并没有什么可靠的依据。低收入国家的人并不会对那些提供了值得刺激他们对自己的人力资本进行投资的机会不感兴趣。那种认为穷人们总是无精打采、被动地受习惯支配，而且不善于察觉新机遇的观点，与他们的行为并不相符。事实上，穷人是一些很会为自己算计的人。他们虽然很穷，但是往往会在很精细地考虑边际成本及收益的同时，有效地分配其所具有的少量资源。

第三节　活动和所议事项

我们已经表明，孩子的抚养照料、家庭及职业工作的经验、学校教育，以及健康保健方面的活动，是有利于增加人力资本的主要活动。这些活动所增加的人力资本价值取决于人们由此而额外增加的福利。应当不断重申的是,人们的生活福利的增进是通过劳动生产率的提高;在获取信息和逐步适应于现代化过程中固有的不平衡当中企业家能力的增长;学生为接受教育所付出的时间和其他资源;向能找到更好的工作机会和更适合于居住的地方迁移;以及,重要的是,通过作为未来消费的整体组成部分的满足感的增长来实现的。

通过这些活动所获得的人力资本存量是由一些具有经济价值的能力和信息组成的。在确定任一给定时期的人力资本存量时,性别和年龄是需要考虑的重要因素。无论是在理论上,还是在实践中,孩子的质量都越来越受到关注。于是,我们所得到的就是青少年的质量和成年人的质量——包括他们作为消费者所进行的一些活动——为既是父母又是劳动岗位上的生产代理商所提供的服务。学校教育投资不难处理,考虑到既有的可利用的教育资源,通过这一活动可获得大量的人力资本。如果将这部分人口质量的增长计算在内,这些低收入国家所具有的隐含的国民储蓄总量就会大大增加。

我们很难对通过在职培训和其他各种形式的有用经历所获得的人力资本进行具体的估算。在谈到由这类培训和经历所带来的人力资本增长量时,至多只能以一些似乎有理的假设为依据。对此,我们将在考察健康状况的改善和平均寿命增长的意义时,予以简要的评价。

许多低收入国家在改善国民健康状况方面所取得的进展,确实应当被视为十分显著的成就。虽然,到目前为止,我们对各种各样使国民健康状况得到明显改善的公共活动和私人活动的确切作用，还知之甚少，但是，这些成就的经济意义却极具启发性和实证意义。

第四节　人力资本：农民企业家

在使农业生产现代化的过程中，低收入国家农民的能力得以显著地大大提高。这些国家的千百万农民在对与农业现代化相关联的生产机遇做出反应的同时，学会了如何有效地利用土地、劳动和资本。他们是一些新型的农民，能够胜任必须完成的工作，也不再受世世代代所遵循的传统农业生产陈规的束缚①。尽管农业的刺激因素由于政府的愚蠢干预而遭到了扭曲，他们还是在为生产更多的粮食付出着艰苦的劳动②。这些农民们所获得的能力改变了农业科学研究的作用，着重于满足低收入国家的需求，而大量被指定用于农业开发和增加粮食生产的追加资本，预示着进一步的发展，特别是倘若对农业刺激的扭曲能够有所减少的话，未来就会更美好③。在低收入国家，农业生产是一个高度分散的经济部门，

① 我在《改造传统农业》，纽黑文：耶鲁大学出版社，1964 年，一书中，阐述了传统农业经济状况的特点。

② 参见西奥多·舒尔茨主编的《农业刺激的扭曲》，印第安纳州，布卢明顿：印第安纳大学出版社，1978 年。

③ 盖尔·约翰逊："发展中国家的粮食生产潜力：它们是否将会得以发挥？"原载经济研究局非定期出版论文集第 1 号（明尼苏达州，圣保罗市：麦卡莱斯特学院，1977 年）；同上著者："世界粮食生产状况：近年来的发展及前景展望"，芝加哥：芝加哥大学商业管理研究生院，1978 年。

千百万男人和女人在一些规模很小的生产单位中分别发挥着其企业家的才能。而在一些已由政府接管并行使管理职能的农业生产部门，其生产效率却远远达不到实现农业现代化的要求。

衡量这些个体经营的农民企业家能力的一个尺度，是其采用高产品种小麦和水稻的比率。适合于低收入国家需要的新品种比20年前有所减少。这些新品种的适用性因国而异，而且必须增加一些新的附加投入，其中最值得注意的是化肥。在采用新品种的过程中所存在的一些新风险，使他们必须在农业生产实践中学会进行适度的改变。表2－1所显示的资料是1976—1977年低收入国家已采用新品种的总况。

表2－1　高产品种小麦和水稻种植面积，1976—1977年

	高产品种种植面积（百万公顷）①		高产品种种植面积占所有个体农户粮食种植面积的百分比	
	小麦	水稻	小麦	水稻
东南亚	19.7	24.2	74.2	30.4
近东（西亚及北非）	4.4	0.4	17.0	3.4
非洲（除北非外）	0.2	0.12	22.5	1.7
拉丁美洲②	5.1	0.92	41.0	13.0
总　计	29.4	25.28*	44.2	27.5*

资料来源：本表资料引自达纳・达尔林普尔所著的《高产品种小麦和水稻在发展中国家的发展与普及情况》，以及美国农业部出版的《外国农业经济报告》第95号（1978年），第x—xi页。

① 已种植或者已收获过的面积。
② 大略的估计数。
* 原文似有误。——译者

低收入国家的农民对在某一风险过程中所发生的新事件的察觉、阐释，以及反应能力，是这些国家人力资本的重要组成部分。在经济学中，这种特殊的才能被当作农民的企业家能力。这种能力的显著增长，是有利于提高人口质量的因素之一。

虽然我一直在描述的是农民，但是，在对新事物做出反应中使重新分配资源的能力有所增长的人，却不仅仅只限于进行个体经营的农民企业家[①]。那些受雇于人提供劳务服务或自我雇用的人们，也在对其所做工作的价值变化做出反应当中，重新分配着他们的服务。家庭主妇在家庭生产中利用所购买的商品和服务时也在这样做。学生们也同样在对其预期挣得的收入和渴望从其所受教育中获得的个人满足感的变化做出反应时，重新分配着他们所购买的教育服务和自己的时间。消费的机会也在不断地发生变化，而且，由于纯粹的消费需要时间，所以，在这一领域内，人们也在重新分配自己的时间，以对不断变动着的机会做出反应。在一个正处于现代化过程中的国家，这种重新分配资源以对新事物做出反应的能力，显然具有普遍的价值。虽然，一般来说，确定和衡量非农行业人员的资源分配能力的增长比确定和衡量农民此种能力的增长更为困难，但是，从已经发表的一些研究文章来判断，要是认为在很多低收入国家所有人口的这种企业家能力都一直在不断地增长，似乎是有道理的。企业家能力的供给曲线一直是在向

① 我在“企业家能力投资”一文中进一步分析了此种能力，该文原载《斯堪的纳维亚经济学期刊》第 82 卷，1980 年 12 月。

右移动[①]。

第五节　儿童的质量投资

计算出这些年来低收入国家所增加的儿童的数量，比确定是否每个儿童的质量都有所提高，相对来说似乎要简单得多。父母的抚养照料、各种公共健康保健计划，以及早期的学校教育，都是对孩子质量的投资。这些低收入国家目前是否已在这些方面有所改进？与20或者30年前相比，其婴幼儿是否能得到较好的生活及医疗条件？虽然这些国家的婴儿死亡率已经大大下降，但是并没有可靠的直接证据可用来判定婴幼儿质量是否确实有所提高。在任何一个低收入国家，要对这些孩子的质量因素进行全面的衡量，都是极其困难的。然而，我们可以从一些理论上的含义，以及一些支持这些含义的间接证据，对有关他们在儿童的抚养照料方面的情况，做出一些推断。

① 参见我的“应付不平衡能力的价值”，原载《经济文化学期刊》第13卷(1975年9月)：第827—846页。以图形表示的这一供给曲线，纵轴上是企业家能力，横轴上是数量。其经济价值就是这些人由其分配能力所获得的租金。任何给定的能力的租金都是企业家所面对的不平衡状态的函数。企业家能力的数量是人们的初始能力、应付不平衡状态的经验、教育水平，以及健康状况的函数。在长期处于一种平衡状态当中的传统农业生产条件下，生产活动一般遵循着不变的惯例，因而几乎不存在来自企业家能力的租金，该曲线在图中几乎最左边的位置上。这表明由于企业家能力在这种处于平衡状态的环境中没什么价值，因而其显示的数量很少。一旦农业现代化处于进行当中，由分配能力所获得的租金就变得十分重要了。农民的企业家能力通过学习实践经验、接受更多的教育，以及健康状况的改善而得以不断地增长，因而，该供给曲线必定会移向表示传统农业生产条件下的曲线的右方。

各个家庭对一些相对于其价格而言比传统产品和设施更有效的新产品及抚养孩子的便利设施的反应，大体上与农民对高产小麦和稻米新品种，以及公共水利设施的反应相类似。目前已有很多低收入国家的家庭在从一些新成立的保健中心购买新型抗生素并获取有关健康保健的建议和信息。各种各样的公共教育和卫生保健计划给这些家庭的成员带来了很多益处。一些有关营养不良状况的调研项目并未将几十年来人口营养状况的变化包括在内。总的来看，这些国家的人均食品消费量一直在不断增长，虽然增长的速度很慢。这意味着其人口的营养状况一直是在不断地改善。

在分析各个家庭的行为时，要考虑其对各种有益健康的药品、学校教育、医疗保健服务，以及更多的较高质量食品的个人需求问题。这些产品和服务的供给曲线一直在向右移动，并且其价格也比过去有所降低。一般来说，家庭主妇会察觉、理解，并(在发现新机会很合算时)对有可能增进家庭福利，其中包括使儿童生活得更好的潜在刺激因素做出反应。另外还应当考察的是，改进饮用水供应和降低由饮水传染的疾病的发病率的公众需求问题。

可以证明低收入国家孩子的质量确实是在日益提高的间接证据有三种表现形式。即，人均食品消费量有所增长；学龄前及小学教育入学人数相对于适龄儿童数量来说，不断地大大上升；而且，最能说明问题的是，婴幼儿的存活率提高了。表 2 给出的数据是按特定年龄组妇女所生孩子总数分别计算的婴幼儿存活率，表中用于比较的，是 30—34 岁妇女和 50—54 岁母亲的子女存活率。如表 2 - 2 所示，这 11 个国家年轻母亲所生孩子的存活率，显然比较为年老的妇女所生子女的存活率要高，而且其中有 8 个国家要高出将近20%。值得注意的是，该表中按居住地点估测的数据表明，除了一个以外，所有这些国家农村孩子的存活率都稍低于城镇孩子的存活率。

表2-2 按妇女年龄及居住地区分组的子女存活率[①]，部分国家和地区

	30—34岁年轻母亲子女存活率	老年妇女子女存活率	年轻母亲子女存活率的相对增长(%)
中国台湾地区，1967年			
5个城市	0.963	0.772(60岁以上)	20
其他地区	0.930	0.753(60岁以上)	19
马来西亚，1970年后			
沙捞越			
城镇	0.961	0.933(50岁以上)	3
农村	0.894	0.807(50岁以上)	10
朝国，1970年			
城市	0.945	0.709(60岁以上)	25
农村	0.925	0.702(60岁以上)	24
利比里亚，1970年			
城镇	0.88	0.77(50岁以上)	12
农村	0.84	0.72(50岁以上)	14
巴西			
1940年	0.782	0.683(50岁以上)	13
1970年	0.870	0.780(50岁以上)	10
叙利亚，1970年			
城镇	0.859	0.642(50岁以上)	25
农村	0.805	0.595(50岁以上)	26
坦桑尼亚，1967年			
城镇	0.84	0.67(50岁以上)	20
农村	0.74	0.58(50岁以上)	22

① 子女存活率是用子女平均存活数除以子女平均生育数。

续表

	30—34 岁年轻母亲子女存活率	老年妇女子女存活率	年轻母亲子女存活率的相对增长(%)
萨尔瓦多,1971 年			
城镇	0.837	0.664(50 岁以上)	21
农村	0.816	0.666(50 岁以上)	18
印度尼西亚,1965 年	0.779	0.634(50 岁以上)	19
约旦,1961 年			
城镇	0.777	0.576(55—59 岁)	26
农村	0.731	0.570(55—59 岁)	22
中非共和国(未注明年度)	0.67	0.51(50 岁以上)	24

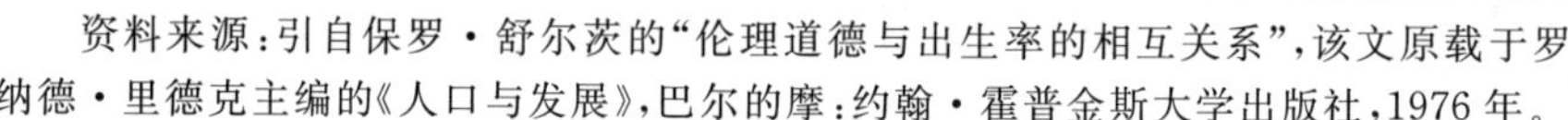
资料来源:引自保罗·舒尔茨的"伦理道德与出生率的相互关系",该文原载于罗纳德·里德克主编的《人口与发展》,巴尔的摩:约翰·霍普金斯大学出版社,1976 年。

目前有关孩子质量研究的论文数量非常多,但是,这些文章在使用有关的理论时,其大多数实证性工作都着重于考察分析高收入国家的家庭行为。莱博维茨(Leibowitz)对孩子的投资所进行的分析表明,家庭的投资提高了所计量出来的人口童年时期的人力资本存量[①]。甚至在非常有才能的儿童样本范围内,家庭投资的变量也与她所计量的孩童时期人力资本量具有十分显著的正相关关系。希尔(Hill)和斯塔福德(Stafford)也对父母用于其子女学龄前教育的时间所起的积极作用进行了报道[②]。在兰德公司(RAND)最近的一个研究项目中,德·特(De Tray)里利用已发

① 阿琳·莱博维茨:"孩子的家庭投资",原载西奥多·舒尔茨主编的《家庭经济学:婚姻、子女和人力资本》,芝加哥:芝加哥大学出版社,1974 年。

② 拉塞尔·希尔和弗兰克·斯塔福德:"用于子女学龄前教育的时间和教育机会",原载《人力资本期刊》第 9 卷(1974 年夏季刊):第 323—341 页。

表的一些研究成果，对儿童的学校教育进行了分析和研究[①]。

巴茨(Butz)和哈比奇特(Habicht)在对营养和健康状况的作用进行探讨时，所依据的假设是，家庭对新的更好机会的反应行为大体上与低收入国家的农民对这类机会的反映行为相类似[②]。

一些侧重于研究人力资本问题的经济学家，对有关儿童数量及质量的家庭行为的相互作用进行了很多探讨。德·特里在其博士论文中就直接涉及了家庭中儿童数量和质量的相互替代问题[③]。后来他又将对此问题的分析加以扩展，集中研究儿童的质量及对儿童的需求。德·特里用美国的资料数据所得出的结论是，母亲的教育水平会更有效地提高儿童的质量[④]。随后，贝克尔和刘易斯(Lewis)又在一篇富于创新精神的研究论文中，对儿童的数量和质量的相互作用的分析框架，进一步加以扩展[⑤]，并得出结论："可观察到的数量的价格弹性超过了质量的价格弹性，恰好与我们就有关可观察到的收入弹性所得出的结论相反。这种与价格及收入弹性有关的相反的数量—质量排列次序……与德·特里

① 丹尼斯·德·特里：《孩子的学校教育与家庭规模》，加利福尼亚州，圣莫尼卡：兰德公司，1978年4月。

② 威廉·巴茨和琼-皮埃尔·哈比奇特："营养及健康对人口出生率的影响"，原载罗纳德·里德克主编的《人口与发展》，巴尔的摩：约翰·霍普金斯大学出版社，1976年。

③ 丹尼斯·德·特里："家庭中孩子之数量与质量的相互替代"，博士论文，芝加哥大学，1972年。

④ 丹尼斯·德·特里："孩子的质量与需求"，原载舒尔茨主编的《家庭经济学》。

⑤ 加里·贝克尔和格雷格·刘易斯："儿童的数量与质量间的相互作用"，原载舒尔茨主编的《家庭经济学》。

及其他作者的研究结果相符。”在上述论文发表后，贝克尔继续按此思路进行研究，提出了更多的有关孩子质量需求的决定因素[①]。后来贝克尔又和托姆斯(Tomes)一起对这种相互作用进行了更为深入的分析[②]。罗森茨威格(Rosenzweig)和沃尔平(Wolpin)以印度全国2939个农民家庭为样本的双胞胎实验，对这一数量—质量模式进行了独一无二的检验，结果表明，在理论上，双胞胎可能会对接受学校教育产生反作用[③]。

第六节　学校教育：一项质量投资

从上学读书不仅仅只是为了得到某些满足或者实际效用的意义上讲，学校教育不是一种纯消费行为。恰恰相反，社会和个人为接受教育所付出的各项成本，都是为了获得一种存在于人体之内的，可提供未来收益的生产性资本。这些收益包括：未来的工资收入、未来的自我雇用和家务活动能力，以及未来在消费方面的满足感。学校教育作为一项投资，显然增加了低收入国家的储蓄量，但是，由于按传统方式记录的储蓄量只限于物质资本形式，因此在其国民经济账户中遗漏掉了这部分投资所产生的资本存量。

目前已有很多研究成果表明，扩大教育投资必定会使企业家

---

① 加里·贝克尔：“社会相互作用论”，原载《政治经济学期刊》第82卷(1974年11—12月)：第1063—1093页。

② 加里·贝克尔和奈杰尔·托姆斯：“儿童的天赋才能及其数量和质量”，原载《经济学期刊》第84卷，第2部分(1976年8月)：S143—S162。

③ 马克·罗森兹威格和肯尼思·沃尔平：“人口出生率数量—质量检验模型：利用双胞胎所进行的自然实验”，油印品(耶鲁大学，经济增长中心，1978年10月)。

能力的供给有所增长。我对这些成果所进行的概括性研究清楚地表明，教育对获取应付与经济现代化相关联的不平衡状态的能力，具有普遍的促进作用①。就这一论点，一些有关农业问题的研究论文提供了最好的证据，这主要是因为它们所提供的资料数据比研究其他类型的经济活动所提供的数据更为全面可靠。韦尔奇(Welch)最近发表的文章又对人力资本在农业生产中的作用进行了更全面的分析，从而使对此问题的研究更深入了一步②。

玛希加(Makhiga)女士的博士论文，对印度家庭年幼子女为家务及家庭农场所做的工作的价值，以及这部分成本对学校出勤率的影响，进行了深入探讨③。她还对涉及这一问题的有关文献进行了全面的考察研究，其中包括肖特利奇(Shortlidge)、罗森兹威格，以及埃文森(Evenson)最近的研究成果④。

拉姆和舒尔茨的研究表明了印度教育投资的增长与人口增长的相关情况。如表 2-3 所示，从 1950—1951 年至 1970—1971 年这段时期内，印度的人口增长了 52%，而学龄前和小学生的入学人数却增长了 217%，初级和高级中等学校的入学人数增长了 329%。

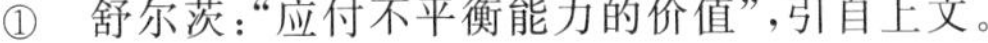

① 舒尔茨："应付不平衡能力的价值"，引自上文。

② 菲尼斯·韦尔奇："人力资本投资在农业生产中的作用"，原载西奥多·舒尔茨主编的《农业刺激的扭曲》，布卢明顿：印第安纳大学出版社，1978 年。

③ 英迪拉·玛希加："印度农村：孩子的经济作用及其对出生率和学校教育的影响"，博士论文，芝加哥大学，1977 年。

④ 罗伯特·小肖特利奇："印度农村学校入学人数的社会—经济模式"，康奈尔大学农业经济系不定期出版论文集第 86 号(纽约州，伊萨卡：康奈尔大学，1976 年 1 月)；马克·罗森兹威格和罗伯特·埃文森："印度农村家庭孩子的出生率、学校教育和经济作用"，原载《计量经济学》第 45 卷(1977 年 7 月)：第 1065—1079 页。

表 2-3　印度人口及各级学校入学人数的增长，1950—1951 年至 1970—1971 年

	1950—1951 年	1970—1971 年	1973—1974 年	1970—1971 年
人口(百万)				
总计	361	548	580	52
6—10 岁	44.5	75.2	未获得相关资料	69
11—14 岁	32.0	51.0	未获得相关资料	59
入学人数(百万)				
小学	18.7	59.3	63.2	217
初中	3.3 } 4.8	13.4 } 20.6	14.7	306 } 329
高中	1.5	7.2	7.5	980
大学预科	2.0	5.2	未获得相关资料	160
大学	0.17	1.95	2.23	1047

资料来源：1950—1951 和 1970—1971 年的人口估计数引自 1951 年和 1971 年的印度人口普查资料；1973—1974 年的数据来源于纽约，人口理事会的“人口及计划生育报告”。入学人数来源于印度政府规划委员会的《五年计划草案，1978—1983 年》(1978 年)，第 226 页；大学预科入学人数引自拉蒂・拉姆和西奥多・舒尔茨的“寿命、健康、储蓄和生产率”一文，原载《经济发展和文化变革》第 27 卷(1979 年 4 月)：第 399—421 页。

表 2-4 的数据表明，印度的公共教育支出及学生的私人机会成本相对于其国民收入的增长，已有明显增长。

正如我们在第一章所指出过的，从根本上讲，教育是一种为获得未来收入和满意的生活所进行的投资，把教育支出看作是当前的消费，是一个极为严重的错误。人们之所以会犯这样的错误，其根源在于，他们认为教育和食物一样都是消费品，并把随人口增长而增加的公共教育支出看成是“福利”支出，是国家的一种负担；而且，它所消耗的资源降低了可用于进行投资的国民“储蓄量”。在

印度，如表 2－4 所示，其教育支出与国民收入、储蓄量，以及投资的比例不仅很大，而且呈大幅度上升的趋势。

表 2－4　印度相对于国民收入的教育投资的增长，1950—1951 年至 1970—1971 年

	1950—1951 年	1970—1971 年
1.国民收入(按当前价格计算，10 亿卢比)	95.1	344
2.公立学校教育投资(按当前价格计算，10 亿卢比)	1.1	10.8
3.学生的时间的私人机会成本(按当前价格计算，10 亿卢比)	3.9	27.9
4.2+3 占 1 的百分比	5	11

资料来源：拉蒂·拉姆和西奥多·舒尔茨的“寿命、健康、储蓄和生产率”，原载《经济发展和文化变革》第 27 卷(1979 年 4 月)：第 399—421 页。

第七节　健康资本存量

建造一座能住 50 年的房子所投入的原材料及资本，一定会比建造只能住 30 年的房子要多很多。这两种房子的区别在于其建筑的质量，质量较好的房子是更有价值的财产。人力资本的大小和数量都是可以进行比较的。其经济价值，即人的企业家能力、职业技能或者教育水平，都会随着其有效寿命的延长而增加。人口的预期寿命决定着是否值得进行各种类型的人力资本投资，以及这类资本存量的价值的重要因素①。尽管有人一直在强调，低收

① 本节内容主要来源于拉蒂·拉姆和西奥多·舒尔茨的研究论文：“寿命、健康、储蓄和生产率”，该文原载《经济发展和文化变革》第 27 卷(1979 年 4 月)：第 399—421 页。

入国家人民健康状况的改善会产生使人口增长的不利作用，然而由此而得以提高的人口质量，对于增加这些国家人民的福利，却仍是一种最重要和最普遍的因素。很显然，死亡率的大幅度下降和传统的居高不下的出生率(不过，它们的出生率目前正在开始大幅度下降)，是这些国家普遍出现人口增长的主要原因。但是，一个被忽略了的问题是，人口的增长未必一定与人类的福利互不相容。恰恰相反，目前这些国家人民的寿命已因其健康状况的改善而有所延长。厄舍制定了用以确定人们从预期寿命的延长中获得的额外效用的方法。他将这种经进一步扩展的理论应用于分析某些低收入国家的具体情况，结果表明，这些国家的实际经济增长率均明显高于其国民统计资料所显示的数据[①]。

健康状况的改善还对刺激人们获取更多的人力资本，具有一系列的意义。即刺激人们接受更多的学校教育和获得更多的职业经验，以作为未来收入的投资；并且刺激父母更多地投资于其子女的人力资本。健康状况的改善和寿命的延长还意味着由更长久的职业生涯、更强的体力劳动能力，以及较少的病假时间损失所带来的劳动生产率的提高。

从 20 世纪 50 年代以来，很多低收入国家人口比出生时的预期寿命已经延长了 40%，或者更多。然而，这一显著的成就却几乎完全未得到重视。西欧和北美的人民从未在如此短的时间内在预期寿命方面取得过如此伟大的成就。由于在西方经济发展史上

① 丹·厄舍："由预期寿命的变化所带来的经济增长的衡量方法所存在的问题"，原载米尔顿·莫斯主编的《经济和社会成绩的衡量方法》，纽约：全国经济研究所，1978 年，第 193—226 页。

没有类似例证可用以解释很多低收入国家所取得的这一空前成就的原因，因此，要对其所产生的效用进行分析，就需直接考察具有这些国家特点的人类生活环境和生活状况。

印度的发展情况为阐明低收入国家在人口预期寿命方面所取得的成就，提供了很好的例证。从1951年至1971年，印度男性人口出生时的预期寿命从32.4岁增长到46.4岁；女性从31.7岁增长到44.7岁。表2-5的数据显示出该国在这20年间从10岁到60岁各不同年龄组人口预期寿命的显著增长情况。图2-1中的曲线描绘了从出生到60岁的人口预期寿命的上述增长的变动情况。纵轴标示的是1971年各年龄组预期寿命增长的年岁。

表2-5　1951—1971年印度不同年龄组男女人口预期寿命的增长

	预期寿命				1951—1971年增长年岁及增长率(%)			
	男性		女性		男性		女性	
年龄	1951年	1971年	1951年	1971年	年岁	百分比(%)	年岁	百分比(%)
10	39.0	48.8	39.5	47.7	9.8	25	8.2	21
20	33.0	41.1	32.9	39.9	8.1	25	7.0	21
30	26.6	33.3	26.2	32.0	6.7	25	5.8	22
40	20.5	25.9	21.1	25.4	5.4	26	4.3	20
50	14.9	19.2	16.2	19.7	4.3	29	3.5	22
60	10.1	13.6	11.3	13.8	3.5	35	2.5	22

资料来源：1951年资料数据引自印度1951年人口普查资料，1956年第2号文件，第35—38页；1971年资料数据引自印度1971年人口普查资料，1977年第1号文件，第16—19页。拉蒂·拉姆和西奥多·舒尔茨的"寿命、健康、储蓄和生产率"，原载《经济发展和文化变革》第27卷(1979年4月)：第399—421页。

拉姆和舒尔茨的研究表明，印度在农业劳动生产率方面所取得的成绩，是其健康状况改善的结果。这两位作者利用简单生产

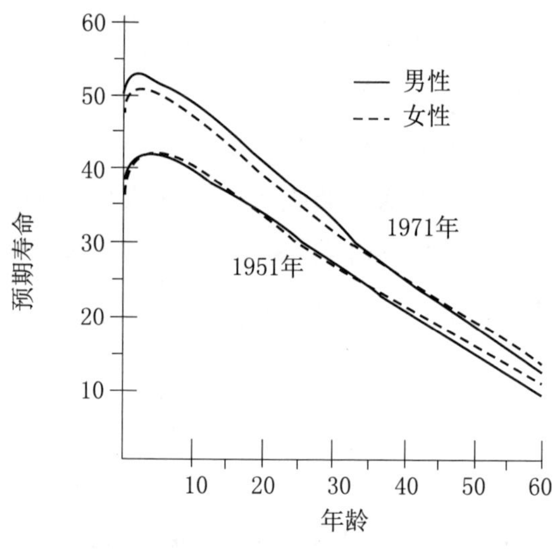

图 2－1　1951 年和 1971 年印度特定年龄组人口的预期寿命

资料来源：拉蒂·拉姆和西奥多·舒尔茨“寿命、健康、储蓄和生产率”，原载《经济发展和文化变革》第 27 卷（1979 年 4 月）：第 339—421 页。

函数法对印度近 20 年来每 10 年的农业生产增长量进行了计算，结果发现，无法解释其原因的农业产出增长所占的比例在 1951—1961 年为将近 36%，而在 1961—1971 年只有 19%。我们将按此种方法计算出来的这部分无法解释的增长余值归因于“技术进步”和劳动者健康状况的改善。但是，这两个 10 年间增长余值的巨大差异（分别为 36% 和 19%）却是一个谜。这后一个 10 年，正是标志着技术进步的绿色革命蓬勃开展的时期；而在 1951—1961 年时，并没有开始进行这项运动，其增长余值却比开展绿色革命之后还要大。在寻求解开这一谜团的过程中，我们发现，劳动者健康状况的改善在农业生产中所起的作用似乎可以说明其中的原因。印度的公共卫生保健计划是在第一个五年计划期间（1951—1956 年）开始实施的，并在整个第二个五年计划期间（1956—1961 年）

继续贯彻执行。这一时期所实施的卫生保健计划对人民健康的促进作用比后来一段时期要大得多。当时推行的抑制疟疾的计划即可证明这一点。据官方的统计数字表明,在印度,疟疾的发病率从1952—1953年的7500万例下降到1959—1960年的大约110万例。然而,这一根治疟疾的计划却在1965年后受到了挫折,虽然其发病率并未回复到原先的水平上。

仅用可观察到的人口死亡率下降的差异,便能说明各省之间大约28%的农业生产率的变动率的原因。另一项根据印度不同地区疟疾抑制计划的效果所进行的具体考察表明,在一些"发病率高"的地区,粮食产量提高了45%;而在一些"发病率低"的地区,粮食产量的增长率稍低一些,如同我们原来所预计的,为38.6%。这一事实,似乎能为我们所要提出的论点提供完全合理的证据,即在近几十年的前一段时期,疟疾的近乎灭绝为促进农业生产的增长起到了巨大的作用。消灭疟疾的计划对农业生产的促进作用,也适用于说明其他一些可导致人们健康状况的改善和预期寿命延长的公共及私人活动所起的作用①。

① 支持这一分析的其他有关控制疟疾有利于提高生产力的研究文章还有:罗宾·巴罗:"根除疟疾的经济效用",原载《美国经济评论》第57卷,第2部分(1967年5月):第130—148页;杰里·贝尔曼:《发展中国家农业的供给反应:对泰国四种主要农作物的案例研究,1937—1963年》,阿姆斯特丹:北方荷兰出版公司,1967年;博卡:《印度独立后人民的健康状况》,新德里:印度政府卫生部,1957年;威尔弗雷德·马伦鲍姆:"贫困地区的健康与生产力",原载克拉曼主编的《健康经济学实证研究论文集》,巴尔的摩:约翰·霍普金斯大学出版社,1970年;拉蒂·拉姆:"1950—1970年的印度农业:试析其增长原因",原载芝加哥大学农业经济论文集第74—14号,1974年;苏瓦尼:《人口增长趋势与农业生产的发展:斯里兰卡和印度的案例研究》,原载联合国经社理事会文献E/第60届年会/SYM 1/11(1973年4月);温斯洛:《疾病的成本与健康的价格》,日内瓦:世界卫生组织,1951年;以及《健康:部门工作文件》,华盛顿特区:世界银行1975年。

人力资本理论的发展,已完全能对人口质量的提高进行具体的测量。在过去的二三十年里,很多低收入国家都对各种类型的人力资本进行了大量投资。令人印象最深的,是这些国家人口的健康资本存量的增长。由于健康状况的改善,使包括各个不同年龄组的人口的预期寿命延长了40%甚至40%以上,这的确是一项前所未有的成就。儿童及青少年人口的质量已有所提高。人均教育经费的大幅度增长,以及学生健康水平的提高,使目前这些国家的适龄儿童和青少年一代的质量已明显的比几十年前的同龄人要高得多。教育的发展和健康状况的改善促进了劳动生产率的提高。在其国民经济的各个领域所有从事经济活动的人们的企业家能力已经大大提高。随着现代化的发展进程,这些国家的人民正在从新的经济机会中获取更多的实惠。对人力资本的投资,还带来了年储蓄量的大幅度增长。

在一个人口寿命短促的社会中,劳动者收入微薄,工作辛苦,生活艰难,文盲充斥,人民萎靡不振,缺乏活力。但是,倘若人均寿命有所增长,就会出现好的转机。各种刺激因素都会成为值得人们加以考虑的条件。教育投资越多,劳动生产的效率就会越高。进行人力资本投资的结果是人口质量的提高。“只有站票”之类的说法将成为无稽之谈。

第三章　高等教育的成就*

当前，全世界的高等教育正在遭受着严厉的批评。对高等院校的业绩进行攻击，已成为十分时髦的事情。有人很不喜欢高等院校，是因为它们致力于倡导科学的进步，以及由此而产生的先进技术，并且致力于经济学的研究。许多批评家坚持认为，高等院校不关心社会和经济的改革，没有全心全意地支持政府的各项政策，而且还不重视学生入学和教师聘用的公平性问题。

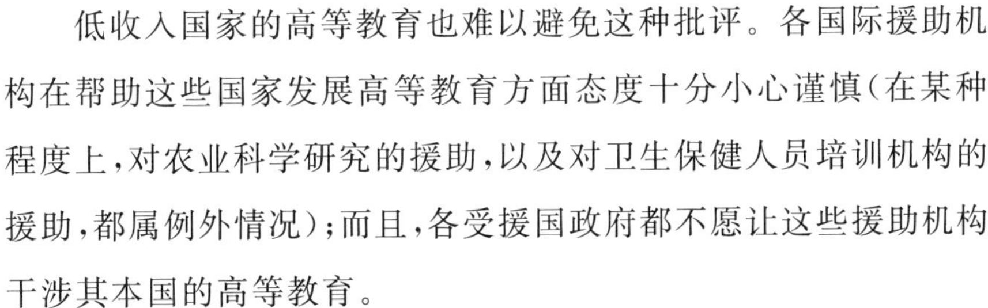

低收入国家的高等教育也难以避免这种批评。各国际援助机构在帮助这些国家发展高等教育方面态度十分小心谨慎（在某种程度上，对农业科学研究的援助，以及对卫生保健人员培训机构的援助，都属例外情况）；而且，各受援国政府都不愿让这些援助机构干涉其本国的高等教育。

考虑到高等教育的这些缺陷，是否有人认为应当求助于经济学的分析方法呢？毫无疑问，打算涉足于这一危险领域的经济学

* 这一章主要根据我的论文“低收入国家教育的价值：一个经济学家的观点”写成的。该文发表在由国际教育规划研究所编辑出版的《高等教育和国际新秩序》上（HEP/联合国教科文组织，巴黎）。仅在此对阿诺德·安德森、玛丽·琼·鲍曼，以及查尔斯·哈丁对写作此文所给予的有益评论表示感谢。

家应当十分审慎。然而,即使是在很多缺乏足够资料的低收入国家,经济学理论也是非常适用的。我们可以认为其理论的含义具有一定道理,并且在某些情况下,还可以用实际经验来检验这些含义。在任何社会中,高等教育都是一种专业性和高代价的活动。将稀缺资源用于发展高等教育,它就会提供有价值的服务。高等教育的成本要比其价值更容易计算。

然而,我们可以从这些成本推断出许多对于了解高等教育的资源配置来说十分重要的结论。例如,潘查姆克希(Panchamukhi)10 年前曾计算过印度 1950—1951 年至 1959—1960 年这 10 年间大学及专科学院教育的全部成本,大约为 70 亿卢比[①]。这些费用的 3/5 以上是由私人投入的,主要是学生们所放弃的收入。由此显然可以得知,在分析有关的资源配置行为时,必须要同时考虑政府和私人这两方面的资源分配活动。但是,许多家长和学生对高等教育的私人资源配置却常常遭到忽视。这部分教育投资实际上已经超过了政府的公共教育支出。

在此,我将离开主题,提及一个在考虑教育投资的效果时显得十分突出的问题,即,应当如何看待使受教育程度不同的劳动者之间相对收入差距缩小了的经济增长。我们知道,美国在近几十年中,这一差距已经明显地有所缩小。科萨里(Kothari)对孟买和美国的收入差距所进行的比较研究,对于解决这个问题很富启

① 潘查姆克希:“印度的教育资本”,原载《印度经济期刊》第 12 卷(1965 年 1—3 月):第 306—314 页;表 1,第 309 页。更为全面的研究可参见科萨里的“印度教育的要素成本”,原载《印度经济期刊》第 13 卷(1966 年 4—6 月):第 631—646 页。

发性[①]。他发现，1955 年和 1956 年孟买市属于“较高等职业”的劳动者的平均收入事实上是非熟练工人平均收入的 8 倍；而在 1959 年的美国，这两类劳动者的平均收入却只相差 3 倍。通过对绝对差距的分析，便可消除这一令人大惑不解的谜团。接受高等教育是否值得，要看绝对收入的增长，而不是相对收入的差距；决定高等教育的成本和预期的较高收入是否使这种投资值得进行的，是前者，而不是后者。

我有意要了解的，是私人及其政府在获得高等教育提供的服务当中进行资源配置时的实际行为，但是，有关这方面情况的资料非常少。我们知道，家长、学生以及政府机构都是根据一些很不准确的信息资料来决定其资源分配方式的。所有的高等教育投资，无论其采取何种形式，都是超前的、长期的、对未来承担义务的，因此都会遭到某种风险和不确定性的困扰。在这样的情况下，每个家庭和政府都必须从他们的经验中获得有关的知识。公正地说，很多政府机构都已经懂得，劳动力计划的制定并不能为有关高等教育的资源配置问题提供解决办法。任何经济计划模型都无法解决这个问题，也没有一台计算机能够为学生们或者政府机构应该在高等教育方面所做出的投资打印出任何指令。近年来，许多研究文章已经充分有力地阐明了各种正规教育模式的局限性。我认为普萨卡罗帕拉斯（Psacharopoulos）对这些研究的考察与评述十

① 科萨里：“不同国家相对收入的差异”，原载《经济学期刊》第 80 卷（1970 年 9 月）：第 605—616 页。

分有用，并且非常中肯[1]。他的文章全面地阐述了近20年来在制定教育规划方面所做过的工作，并且对一些关键理论和方法的发展及演变情况进行了回顾和探索，其中包括对目前技术水平的探讨。

低收入国家的发展所包含的一些重要因素对高收入国家的发展来说，作用相对较小。在对这些因素进行考查之前，我认为需要对所考虑到的三个有关方面的问题加以简要说明：资本是稀缺的；大多数高等教育投资都具有长期性；在从经验中获取知识和信息方面，政府机构的行为比私人行为具有更长的滞后期。

一个非常明显的事实是，低收入国家当然不会有充裕的资本供其奢侈地使用。在它们的发展进程中，对追加资本的需求增长十分显著。无论其进行什么形式的投资，总是会受到可利用的资金的限制。甚至在一些国民储蓄率较高的低收入国家，其积累的数量也不大，因为它们的人均国民收入比高收入国家的人均国民收入低。我在第一章和第二章中都曾强调过这一事实，即由于各种公共的和私人的普通教育及高等教育支出均未被记入其投资账户，所以在这些国家的国民经济核算中所报告的储蓄量与其实际储蓄量相比，已被大大地打了折扣。

在低收入国家，用于发展高等教育的外国资本的作用令人怀

① 乔治·普萨卡罗帕拉斯："教育计划：过去和现在"，原载《展望》第8卷，第2期(1978年)。还有三篇富于洞察力的文章应当在此提及：马克·布劳格："教育政策和教育经济学：为发展中国家教育计划制定者提供的一些实践经验"；米歇尔·迪布瓦尔斯："教育经济学对援助政策的贡献：一个批评性的评论"，这两篇文章均原载于钱皮恩·沃德主编的《教育及发展的再思考》，纽约：普雷格出版公司，1974年。玛丽·琼·鲍曼和阿诺德·安德森："教育计划制定的理论思考"，原载唐·亚当斯主编的《教育计划的制订》，锡拉丘兹：锡拉丘兹大学出版社，1965年。

疑，这一点是可以理解的。无论这类资本是来自于外国政府、世界银行、其他联合国机构，还是来自于不同的私人基金会，受援国都会仔细考虑得到这些资金的条件，因为它很可能会对东道国政府所认定的高校办学目的产生某些不利的影响。虽然利用外国资本建造钢铁厂或者兴修水利设施也不能完全排除外来影响，但是各国政府都发现，在这些方面利用外资比在高等教育方面利用外资更容易加以控制。

一般来说，教育资本存量的增长所提供的服务，可以持续很多年。一所大学或高等专科学校为大多数学生所提供的服务，会在其此后一生中的大部分时间内都有好处。用于修建校舍和各种教学设施的开支是一些长期投资。尽管对于教职员个人来说，其职位的稳定性往往并不能得到保证，但是从原则上说，每年用于维持高校教职员队伍的预算费用也是一种长期承担的义务。培养并建立起一支高水平的农业科学家（这些人同时也在大学里教书）队伍，显然是一项长期的事业。这是很多低收入国家所取得的主要成就之一。大多数研究工作都需要很长的时间，有利于农业现代化的科学研究项目通常要花费很多年时间才能完成[①]。

与人们普遍持有的观念正好相反，在处理经济事务时，政府机构要比公民个人在对经济环境变化的察觉、理解和做出适当反应方面，显得更为迟缓。这种在调整滞后方面的差异在农业生产中表现得尤为明显。例如，农民能够迅速地采用利润较高的高产作

① 西奥多·舒尔茨："科研经济学和农业生产率"，原载《国际农业开发署不定期出版论文集》，纽约，1979 年。

物品种，而政府则要先变更其价格政策以使小麦的价值变化与水稻的价值变化相一致，在这一过程中，前者的行动显然比后者要快得多。在所有的低收入国家中，数百万农民的行动已经表明，他们对各种较好的机会的反应十分灵敏，并能在自己的小规模经营范围内迅速地采取行动，通过重新配置资源来利用这些机会。而这些国家的政府对必须调整其各项政策以适应经济环境变化的领会，却总是非常的迟缓。尽管存在由政府的愚蠢干预所造成的对农业刺激的扭曲，农民的表现却仍然如此出色，这种现象的确令人瞩目①。在其他一些经济部门，政府机构与私人之间也存在着类似的有关调整滞后的差异，高等教育部门也不例外。当一些意料之外的事件和进展发生时，家长和学生们的反应总会比政府机构要迅速得多。

第一节　发展的动态

发展就是对所有可选择的各种各样的经济活动不断地进行重新安排，在此过程中，经济的不平衡大量存在。与这种发展的动态相伴并不断地与之相适应的过程，近乎十几岁的少年在其迅速成长的年头里那种充满困惑的经历。各个企业、家庭、部门，以及地区之间彼此会失去平衡，高等教育也是如此。经济的不平衡是现代化过程中固有的特征②。

---

① 西奥多·舒尔茨：《农业刺激的扭曲》，印第安纳州，布卢明顿：印第安纳大学出版社，1978 年。

② 参见我的《农业刺激的扭曲》中的“论农业生产的经济学与政治学”。

低收入国家和高收入国家的经济发展过程几乎完全相同。资本的存储量都必须通过对物质资本和人力资本进行投资，以及不断地调整和适应各种产品及生产要素相对价格的变化，其中包括人力所提供的服务价值的变化来得以增大。当经济状况发生变化时，需要重新配置可利用的有效资源以进行这些调整。所有这些活动，都是为了最大限度地增进生活在该经济体制下的人民的满足感和由此产生的福利而使用的手段。

与大多数低收入国家相比，印度有较多的相关资料可以利用，一些有关高等教育的政治学及经济学的研究论文很值得借鉴[①]。与其他大多数处于同一发展水平的国家相比，印度已明显地提高了其高等学校的民主化程度而没有导致严重的不稳定。在较大的发展中国家当中，巴西和墨西哥的高等教育发展情况在一些主要方面与印度相似，但是较难获得有用的资料。

尽管存在着相当多的政府干预，印度的高等教育却并没有像在许多国家所发生的那样，被严重地政治化。这种政治化所导致的不安定和无组织状态，大大地损害了高等学校的教学和科研工作。(阿根廷就是一个明显的例子)我们可以用中国近几十年间的高等教育政策与印度独立以来整个时期的高等教育政策进行一下有益的对照。在其独立以来的整个时期，印度的高等教育已经培养造就了许多各种科学领域，以及工程技术、医学和农业科学研究

① 苏珊娜·霍伯·鲁道夫和劳埃德·鲁道夫:《印度的教育与政治》，马萨诸塞州，坎布里奇:哈佛大学出版社，1972 年。我发现该书的探讨和分析非常卓越，而且十分有价值。

方面的年轻的专业人才[①]。而中国现在已经认识到，由于近几十年间其高等教育的薄弱，目前正面临着年轻专业人才严重短缺的局面。

在过去的30年当中，有一小批经济学家已经将其分析工作的重点集中在对人力资本的研究上。经济学理论也已进一步扩展，将人力资本作为资本理论的整体组成部分，为其提供了一席之地。人们对于个人时间的分配，妇女在家庭生产和社会生产劳动中的时间价值，婚姻与生育，以及更为普遍地对于家庭经济学的关注，正在日益增长。

许多低收入国家的发展进程都明显地得益于大学所培养的工程、技术、医学、公共及私人管理工作，以及农业等各个领域的本国专业人才。例如，高产的墨西哥小麦在印度的自然条件下种植具有一些遗传方面的局限性，印度的农业科学家便在几年之内明显地修正并改进了墨西哥小麦的遗传结构，从而减少了这些局限性。印度的科学家之所以能取得这一成就，是因为他们已积累了相当规模的这种专门性的科研能力。印度的高等教育对于培养其科学家的这些技能，做出了重大的贡献。

一、人的技能的经济价值

自然资源、物质资本，以及未经过培训的劳动力，对于发展具有高度生产力的经济来说，是远远不够的。大量的和各种各样的

---

① 从1960—1961年直到1963—1964年，印度各大学共培养出185名农业科学博士；工程技术、商业，医学博士分别为78，69和57名。参见两位鲁道夫的著作，引自该书第42页。

人的技能，是推动持续发展所必不可少的燃料。如果缺少了人的技能，经济发展的前景就会暗淡而又萧条。许多专家对必须要在本国疆域内拥有自然资源这一点估计过高。早期的地中海城市国家、北欧的自由开放城市，以及近年来崛起的中国香港和新加坡等地区在经济上的成功，都没有为这种观点提供依据。而丹麦、瑞士和日本所取得的经济成就，也证明了本国所拥有的自然资源不一定就是经济发展的必要条件。

安德森(Anderson)和鲍曼(Bowman)的研究论文从历史的角度对在早期的现代化当中人们的读、写能力，以及在近几十年的经济发展中教育的作用，进行了全面的阐述[①]。他们追溯了西方早期工业化进程与人们的读、写能力之间的联系，并据以证明，这种读、写能力的价值要比我们通常所认识到的更为重要。这两位作者指出，经济发展的核心与实质就是人们的实践知识及智力技能的发展与传播。他们所得出的结论是：

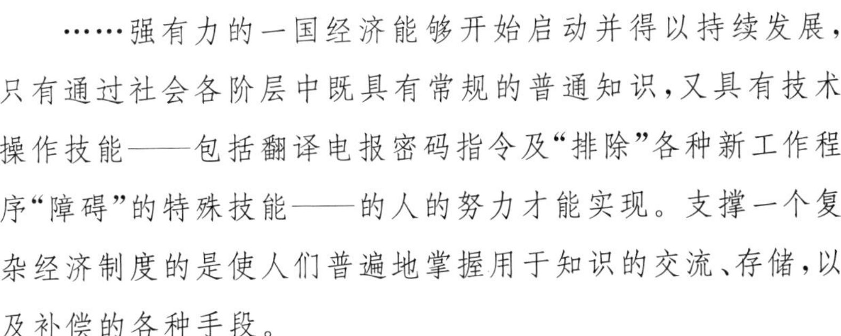

> ……强有力的一国经济能够开始启动并得以持续发展，只有通过社会各阶层中既具有常规的普通知识，又具有技术操作技能——包括翻译电报密码指令及“排除”各种新工作程序“障碍”的特殊技能——的人的努力才能实现。支撑一个复杂经济制度的是使人们普遍地掌握用于知识的交流、存储，以及补偿的各种手段。

① 阿诺德·安德森和玛丽·琼·鲍曼：“从历史的角度观察教育和经济现代化”，原载劳伦斯·斯通主编的《教育和社会：教育历史研究》，巴尔的摩：约翰·霍普金斯大学出版社，1976年，第3—19页。

很多低收入国家对高等教育的强烈的个人需求总是很容易被忽视。大多数来自富裕国家的评论家都对这种个人需求的过度增长感到困惑不解。这些低收入国家的政府并不强迫学生去接受高等教育；恰恰相反，尽管其高等学校的数量一直在不断地增长，但是要求入学的学生人数却总是大大地超过各个高校所能接纳的学生数量。我在上面提到过的苏珊娜·鲁道夫和劳埃德·鲁道夫的研究论文毋庸置疑地指出，印度自独立以来，其高等学校的招生工作一直是按照严格的"定量分配"方式进行的。即便是一个对美国高等院校的激增认识很清楚的人，也很难理解在印度所发生的这一切。在1950—1951年，印度已经拥有695所专科学院和28所综合性大学；到1973—1974年，上述两类高等院校的数量又分别增加到了4308所和104所[①]。这种对高等教育的个人需求不言而喻的显著增长，确实很令人惊异。印度的父母们一直在为使其子女能够接受高等教育而做出着巨大的牺牲；但是，我们却忘记了，在上个世纪末的美国，许多家长也是这样做的。

二、高等教育和科学研究

许多对低收入国家的高等教育提出批评的人，都由于低估了科学研究对经济增长的贡献而犯了错误。有人徒劳地试图证明，如若必须要进行科学研究，就应该让那些富国去任性地沉迷于此种"摆阔式的挥霍浪费"行为。高收入国家用于研究和开发活动的

① 印度政府规划委员会：《五年计划草案，1978—1983》(1978年)附录1，第226页。

开支当然很大，但是，常常被大多数人，甚至那些认识到科研价值的人严重忽视的是，低收入国家也必须获得充足的科研能力。他们不仅必须能够利用别国的科研成果，而且还必须能使所进行的科研工作符合本国经济的特殊需要。值得庆幸的是，尽管有人仍在评头品足，但是许多低收入国家所取得的大量科研成果却还是给人们留下了深刻的印象。就这些国家的资源来说，其科学研究的项目相当多，所投入的经费也不少。

例如，印度用于农业科学研究的经费支出，按 1968 年不变价格计算，已从 1950 年的 5200 万卢比增加到 1968 年的 1.77 亿卢比，该项费用支出占农业生产总值的比例也从 0.07%增加到 0.17%[①]。埃文森和基斯列夫（Kislev）对印度各邦农业生产中科学研究所起的作用进行了考察，据他们估计，该国用于农业科学研究的投资收益率已达到了 40%[②]。

表 3－1 的资料数据展示出这 22 个低收入国家和地区从 1959 年至 1974 年期间农业科学研究规模的扩大，以及农业科学家数量的显著增长的状况。对于该表最后一栏所显示的出版物数量，需要稍加注释。按国别计算的每年有关农业科学研究成果的出版物数量，并不是衡量这方面业绩的最好尺度；埃文森和基斯列夫所做的那种对印度农业科研投资收益率的研究，对于衡量农业科学研究的成绩来说，要比只计算出版物的数量有益得多；但是，在我们手头拥有更多这类研究文章之前，对有关出版物数量的计

① 罗伯特·埃文森和约夫·基斯列夫：《农业科学研究和生产率》，康涅狄格州，纽黑文：耶鲁大学出版社，1975 年，表 6.2。

② 出处同上，表 6.3 和第 101 页。

量仍可以提供一些有用的信息。

表 3－1　部分低收入国家和地区 1959 年和 1974 年的农业科研经费支出，全时工作的农业科学家人数，以及农业科研出版物数量

	经费支出(美元)[①]		科学家人数		年均出版物数量
	1959 年	1974 年	1959 年	1974 年	1969—1973 年
阿根廷	12 000	24 000	320	880	85
巴西	4 800	48 800	200	2 000	130
智利	720	4 390	32	192	26
哥伦比亚	6 000	13 300	200	870	36
墨西哥	2 160	9 760	190	1 000	39
(原)阿拉伯联合共和国	4 800	8 950	400	800	165
加纳	1 440	2 440	60	140	25
象牙海岸	2 400	5 130	40	110	12
尼日利亚	6 010	16 270	110	300	63
塞内加尔	1 560	3 250	45	160	4
肯尼亚	610	3 660	25	280	30
伊朗	1 800	14 640	170	500	34
土耳其	2 040	9 760	55	580	23
斯里兰卡	1 320	2 440	50	130	18
印度	10 570	26 030	1 150	2 150	1 278
巴基斯坦	960	2 030	120	280	90
印度尼西亚	240	3 420	15	380	13
马来西亚	1 440	4 880	40	240	27
菲律宾	1 800	5 210	200	620	70

续表

	经费支出(美元)①		科学家人数		年均出版物数量
	1959 年	1974 年	1959 年	1974 年	1969—1973 年
泰国	660	4 880	150	725	18
韩国	1 080	2 440	300	650	37
中国台湾地区	840	2 360	250	400	60
总　　计	65 250	218 040	4 122	13 387	2 283

资料来源:詹姆斯·博伊斯和罗伯特·埃文森:《农业科研和发展计划》,纽约:农业开发委员会,1975 年,表 2.1 及附录Ⅱ。

①按 1971 年美元不变价计算。

第二节　期望与可能

低收入国家的高等教育似乎不符合那些提倡国际新秩序者的期望。他们认为,这些国家的高等教育并不能适应其社会的“需求”,而且还会由于使某些人产生了优越感而加剧社会的不平等。甚至连在这些国家所发生的大批农村人口外流的现象,也成为谴责高等教育的理由。大学毕业生的失业现象是他们责怪高等教育的另外一个口实。评头品足者断定,这些低收入国家的高等教育和有组织的高校科研工作已经陈腐过时了。

这种观点之所以与我的看法相对立,主要是因为双方对这些国家的高等教育具有不同的期望。力图去实现超出其可能性的期望,结果只能是导致资源配置的扭曲。因此,在对各种各样的期望,除高等教育以外,还包括对商业公司、家庭,以及工业企业的生产能力的期望进行分析时,都必须要认识到其可能实现的限度。

无论是哪一种行业所生产的产品或服务，其产出的可能性总是会受到可利用的资源、人类的能力，以及生产活动的组织程度等方面因素的限制。例如，在过去的 20 年中，印度旁遮普邦的农场的生产能力虽然已经大大地增长，但还是比美国艾奥瓦州要低得多。高等教育也总会受到可利用的资源、教职员素质，以及学校的组织和管理等各方面因素的限制。这些局限性并不是由一些深不可测的神秘因素所造成的，事实上，严重地制约着高等教育的生产能力的，是一些体制上的和明显可见的因素。

然而，假如我们仔细地考虑一下众多批评家所表述的观点就会发现，他们实际上似乎对高等教育抱有无限的期望。这既不适用于高等学校的教职员工和学生，也不适用于其管理人员。虽然政府的期望往往比较容易脱离相关产业生产能力的现实，但是，即便如此，一般来说，政府的期望也远远不像很多专家所说的那样极端。

这种使得期望与可能之间存在极大差距的看待高等教育的方法，是受一种强烈地追求人与社会都至善至美的理想主义思想驱使的。持这种思想的人所追求的目标是一种理想的社会，一个乌托邦式的世界。在这样的世界里，人们没有私心，也没有必要为了得到各种稀缺资源去竞争。

比较而言，另外一种受到人们拥护的分析方法认为，社会及政策包含着人类本性所具有的各种弱点，人们的行为既自私又野心勃勃，并且为了获得、拥有和使用各种稀缺资源而尽力奋争。这种看待问题的方法所倡导的标准目标与乌托邦式的理想主义的目标有着极大的区别。其中一个重要的区别在于，这第二种方法所依据的是现实的和可观察到的行为，并且由于这一原因，其所包含的意义是可以进行检验的。这种方法并不只限于分析经济学的有关问题，它也是分析政治行为时必须遵循的原则。

就此所要研究的问题而言，这种经济学的方法并没有魅力，很讲究实际，而且平淡无奇。确定在各种情况下可观察到的高等教育的需求及供给，是一种有关行为的分析。高等教育的供给要受其生产能力的限制，其需求会受到获得高等教育所提供的服务必须支付的成本，以及家长、学生和政府的收入的限制。鲁道夫二人的研究成果表明，这种方法显然对分析教育政治学十分有用：

> 我们绝不会假设……世上存在着一种能够不受政治因素干预的教育体制；也绝不会假设这样的教育体制就是理想的。在一个民主的社会里，教育机构要接受政府基金的资助，其行为方式必然会受政治的影响……真正要关注的问题在于区分不同类型的政治压力和政治化，一类是宽厚温良的，另一类则不是……教育的目的是从属于政治体制，还是政治成为一种强化或重新规定教育目标的手段？[①]

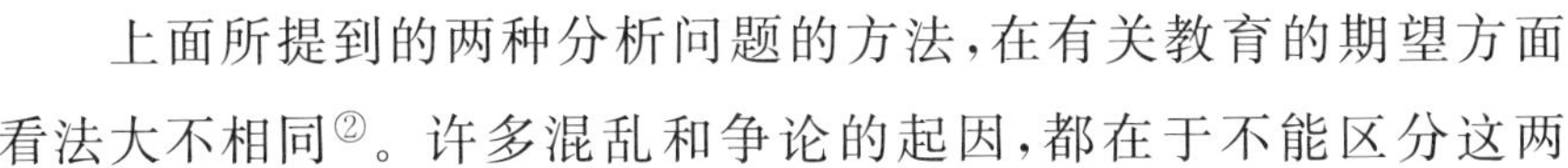

上面所提到的两种分析问题的方法，在有关教育的期望方面看法大不相同[②]。许多混乱和争论的起因，都在于不能区分这两

① 鲁道夫等：《印度的教育与政治》，第 95 页。尽管题目如此，这篇文章还是在许多方面对教育的价值及资源的稀缺性进行了分析，并对其所包含的经济学内容予以了出色的评价。

② 参见查尔斯·哈丁："关于世界粮食问题的对立观点——社会主义方向还是资本主义方向：哪一种更好？"，加利福尼亚大学，戴维斯，1978 年 11 月。该文的分析和评论极具学术价值，确实是一篇研究有关高等教育问题的十分少见的好文章。哈丁教授的几项关于政治对接受政府赠与地兴办的学院及大学的影响问题的研究成果，很值得称赞。

者之间的差异。

我十分强烈地意识到，一个经济学家应用供给与需求分析方法来研究高等教育，会使一些职业教育家和许多国家的政府，尤其是那些极力主张用第一种方法来分析高等教育的批评家，感到深恶痛绝。要进一步讨论这些期望的实质及其实现的可能性，就得自己承担风险。在这种情况下，依照惯例所采取的防卫方式是将自己的价值隐藏起来，并披上一件天真无邪的学术外衣。然而，还是让我不设防地继续研究下去吧！

按照某些类型的乌托邦鼓吹者所特有的标准理由，高等教育应当避开科学及其所带来的技术进步的产物。正如我所指出的那样，由于许多低收入国家的成就，大部分都是依靠科学的进步和与之相关的技术的进步才取得的，因此，我认为这种特殊的乌托邦思想并不具备站得住脚的依据。

此外，那些热衷于鼓吹某种理想社会的人所普遍抱有的标准期望是，高等教育应当全心全意地、毫无保留地、不加任何批判地拥护其祖国的政府——不论它是共产主义的、社会主义的、还是自由民主主义的；也不论其经济体制是中央集权式的，还是资本主义的。然而，这种期望却很少被人公平地加以描绘。人们多半认为，在资本主义国家，学者提出批评意见倒还能得到保护，而在其他国家，这种事情就该被禁止的了。任何国家的政府接受外国学者针对其国内事务所提出的带有偏见的批评意见，都能令人理解。但是，那种排斥其本国学者所提出的批评性意见的国家，却实在可悲。所有的政府都会犯错误。本国学者的批评意见对于辨别这些错误的性质，分析其产生的原因及可能造成的后果，以及指明纠正它们所必须采取的措施，都是十分必要的。如若试图使人类事务的这一领域内不存在学术性的批评意见，其结果就会适得其反。

社会的改革如今已经蔚然成风。在高收入国家，穷人的生计已不再是亟须解决的问题；这些国家的政府所普遍承担的义务是减少个人收入分配的不平等。大多数国家迟早都会认识到，要进行大量的收入转移而不对经济效率造成严重损害，会比预想的要困难得多。为了实现上述目的，需要一些经过修改或者可供重新选择的改革方案，这样的改革方案也已被设计出来了。然而，无论是富国还是穷国，尽管其可以做出的选择大不相同，这一公平与效率的问题却都还远远没有得到解决[①]。由人们的性别、肤色、语言、宗教、种族，以及公民与非公民身份等原因所引起的歧视，仍然普遍存在。其他一些改革所寻求的是减少环境污染，提高工作场所的安全性，以及增进健康水平。这里与对高等教育的期望有关的问题是，有人认为，高等教育应当造就出一批改革者，高等院校也应当成为积极的改革力量。然而，美国和其他一些国家的经验已经表明，无论高等院校看上去可能会显得多么的“自由化”，学生都不会只因为受其教诲而变成改革者。学生们对美好社会的看法，以及对改革的信奉与投入，均植根于他们个人的价值观，而这种价值观却几乎不受教育的影响。那种希望高等教育能够通过反复灌输新的价值观来消除学生们的自私观念的标准期望，尽管很合乎人们的需要，却远远地超出了高等院校所能尽到的能力。

科学及应用技术研究的目的是否应在于实现科技的进步，以

① 参见西奥多·舒尔茨主编的《教育投资：公平与效率的困境》，原载《政治经济学期刊》第 80 卷，第二部分增刊(1972 年 5—6 月)。

解决个人收入分配不平等的问题？对于这种标准期望，我的评论只涉及农业科学研究领域。例如，在这一领域内，作物育种人员不可能培育出只准备供小农场种植的小麦及水稻的优良品种。有关小农场与大农场之间的公平问题，大体上像收入分配问题一样，从根本上讲，是政治问题，因此对其具有实质意义的解决办法还是要依靠公共政策和计划。科学不可能解决这个问题。

高等院校的创办和规模，其内部的组织和管理，都是很重要的问题。政府在管理方面的干预也是同等重要的[①]。在将政府基金分配给各个教育机构时，当然必须得说明如何去使用这些资金。关于政治干预，分清应负的责任——包括那些强化和重新规定教育目标式的干预——和扭曲了其真正功能的高等教育的政治化，是非常必要的。一些私人势力和地方公众团体的干预也并非总无恶意。要想充分地探讨这些问题，恐怕需要另做一篇大文章。所幸的是，鲁道夫二人已经就印度的具体情况对这些问题进行了适当而又审慎的考察。[②]

在低收入国家的正常发展中，高等教育是必不可少的。虽然它的功能在许多国家由于政府的干扰而遭到了严重的损害，但是，越来越多的国家在高等教育方面所取得的成就，仍然是毋庸置疑的事实。

---

① 那些由美国政府发起创办的接受政府赠与地兴建的高等院校的历史及其缓慢的发展进程，对于了解这些问题十分有益。参见玛丽·琼·鲍曼："接受政府赠与地兴建的高等院校的人力资源开发"，原载《经济历史学期刊》第 22 卷，第 8 期（1962 年 12 月）：第 523—546 页。

② 《印度的教育与政治》。

第 二 篇

人的时间价值的增长

第四章　人的时间价值经济学

在低收入国家与高收入国家之间，人的时间的经济价值存在着非常大的差距。然而，在古典经济学刚刚创立的时代，在整个西欧范围内，人的时间价值都极其低廉。考虑到从那时以来的经济上的变化，低收入国家人的时间价值是否正在相应地得以提高呢？虽然，相信人的时间价值可以通过由漂亮言辞构成的法律条文规定而得以提高，确实是不必费什么脑子的；但是这一目标显然是不可能依靠政府的指令便能够实现的。劳动收入的增长基本上有赖于劳动生产率价值的不断提高才能得以实现，而人口质量投资是提高劳动生产率价值的重要手段之一。然而，这种变化的动态经济过程，正如在过去一段时期使高收入国家人的时间价值得以增长的各种因素所明显表现出来的，确实是非常复杂。

例如，美国从1900年以来，人们每小时工作的实际收入已增加了5倍，然而对于能够阐明这种人的时间价值的显著增长的原因的动态经济过程，我们的认识仍然不是十分清楚。不过，现在倒是有很多值得探索的经济学难题，为我们更进一步了解这一问题提供了线索。

一个至关重要的难以解释的经济学问题是，在高收入国家所发生的资本存量的巨大增长，一般来说并没有导致明显的收益递减。奈特(Knight)在对这一尚无定论的投资收益递减问题进行探讨时,重点考察了产生这种现象的原因[①]。李嘉图理论中作为国民收入组成部分的地租的经济重要性的下降,如今也被视为十分正常的现象。与此密切相关的是,农业部门对国民收入的贡献与其他经济部门相比明显地有所下降。而且,在高收入国家,制造业在国民收入中所占的份额也相对下降了。在国际贸易理论中有这样一种含义,即:资本存量较大的国家在出口资本货物(生产工业品所需的生产资料)和进口劳动密集型产品时具有比较优势。但是,实际上,这些资本存量较大的国家是在出口各种各样劳动密集程度高的产品时获得了比较优势的[列昂惕夫(Leontief)悖论][②]。在各个主要高收入国家的经济生活中,一直都存在着这些变化。一直以来,有关劳动者收入的变化,也充满了难以解释的问题,其中包括,来源于财产的收入与劳动所得相比的显著下降;对人力资本进行投资的收益率已趋向于超过物质资本投资的收益率;最主要的是,人的时间的经济价值的增长[③]。

我在本书第一章已经提到,在李嘉图时代:“英国劳动者每星

① 弗兰克·奈特:“投资收益的递减”,原载《政治经济学期刊》第52卷(1944年3月):第26—47页。

② 列昂惕夫:“实用性关系的内部结构理论导言”,原载《计量经济学》第15卷(1947年10月):第361—373页。

③ 长期以来我一直在研究这一未曾解决的问题,并已在很多文章中论述过这个问题。其中最全面的分析可参见由马修斯主编的《经济增长和资源》第2卷:《趋势和因素》,伦敦:麦克米兰公司,1980年,第107—129页;以及“国际经济协会第五次东京世界代表大会文件汇编”。本章的大部分内容均引自该文。

期的工资常常低于半蒲式耳优质小麦的价格。[①]”当时美国非熟练工人的周工资相当于两蒲式耳小麦的价格；1890年，当马歇尔的《经济学原理》问世的时候，美国非熟练工人的周工资已增至接近于9蒲式耳小麦的价格。到1970年，制造业生产工人每周的劳动报酬已增长到足以购买96蒲式耳高质量的小麦[②]。从1900到1970年之间，呈紧缩趋势的小麦价格下降了一半，对于有关的经济学理论，人们已普遍了解得十分清楚；但是，远远比之重要得多的有关劳动者付出工作时间所获得的实际工资增长的经济学理论，却存在着很多尚未解释清楚的问题。这种人的时间价值的增长，在很大程度上，是作为经济刺激反应的新型人力资本构成所带来的结果。现代经济增长的最重要成就，无疑是这种人力资本存量的增长。

按照人力资本的概念，是把预定的劳动收入当作获得这一要素成本的组成部分，并由此引出了有关时间分配的理论，家庭生产的功能，还建立了用以分析妇女从事家务活动，包括生育和哺养孩子的时间价值的价格和收入效应模型。所有这些进展已经为进行实证性的研究开辟了广阔的领域。目前，在有关决定人的时间价值的各种因素当中，人们对决定人力供给的大部分因素已了解得

---

① 阿尔弗雷德·马歇尔：《经济学原理》第8版，纽约：麦克米兰公司，1920年，第XV页。

② 见附录：表A。人们可能会听说，有鉴于20世纪70年代初的具体情况，1970年的小麦价格低得不切实际。事实上那时的小麦价格是猛烈上涨的，不过后来随着产量的增长又急剧下降。到了1977年8月，劳动者的周工资已相当于110蒲式耳小麦的价格。

很清楚，但是有关决定人力需求的决定因素的知识却仍是支离破碎的。对于人的时间价值的实际变化的具体计量，仍然几乎无人关注。

第一节　具体的计量

衡量小麦的价格已经不是什么难事。人们根据制定得非常详细的红色硬粒冬小麦的市场规格说明书，到了主要的小麦市场堪萨斯市，即能很容易地得知每蒲式耳小麦的价格。但是，由人的劳动所提供的服务的性质在任一年内都会因职业的不同而存在很大的差异，而且还一直在发生变化。对于劳动力市场上的许多人来说，其工作时间的补偿目前都可以分为两个部分，即以货币支付的工资和各种各样的附加工资[①]。在 1936 年之前的美国，劳动者每小时的附加工资还不到 1 美分。到 1970 年，其附加工资已增加到每小时 16 美分，估计在 20 世纪 70 年代因附加工资的增长使美国劳动者的工资收入增长了 13%。

劳动者的实际工作时间是一个变动非常大的因素。官方公布的小时工资的统计资料夸大了用于工作的时间，因为它未将带薪休假、法定节假日和病假时间的增加计算在内；也没有把用于吃午餐、喝咖啡、洗涤、收拾工作场地，以及临时性工作的时间排

① 见艾伯特·里斯："工资、价格及生产率模型"，原载《工资、价格、利润和生产率》，美洲议会文献汇编，纽约：哥伦比亚大学出版社，1959 年 6 月，第 11—35 页；1929 年至 1957 年这些附加工资的组成成分和里斯对其的估算，见该文第 15 页的表 1。

除在外。[①]

用消费价格指数(CPI)估算出来的小时实际工资的变动实际上并不精确,因为利用消费品价格来估算小时实际工资的变动会具有各种各样的局限性。但是,即使CPI真能用来对货币工资的购买力进行完美、精确的计量,也不宜用它来估算投资于养老金和其他一些未来收益项目的附加工资。这些附加工资的实际价值要依其未来收益实现时的价格水平而定。正如里斯(Rees)所指出的,目前这个问题尚未有令人满意的解答。[②] 很显然,如若用这一指数来估量付给劳动者的工资有多少用于增加储蓄时,也会出现同样的困难。

我们将使用里斯的估算方法,因为这种方法将大部分比较重要的补充工资都考虑在内了,并且所得出的结果十分接近于实际的工作时间。我们已在里斯的估算结果中加入了最新的资料数据,并将他的估算和我们自己的估算都调整成按1967年的美元计算,并在应对这一进行这项调整所必需面对的尚未解决的难题时,我们很小心地使用了官方发布的消费价格指数。从年龄和性别的分布来看,劳动力的组成成分显然并不是持续不变的。人们的健康状况已有所改善,平均寿命延长了;年轻人在学校里的时间更长,从而进入劳动市场时的年龄有所增长;而且,老年人可以比过去更早地享受退休生活。劳动者受教育的年限一直在以很高的速

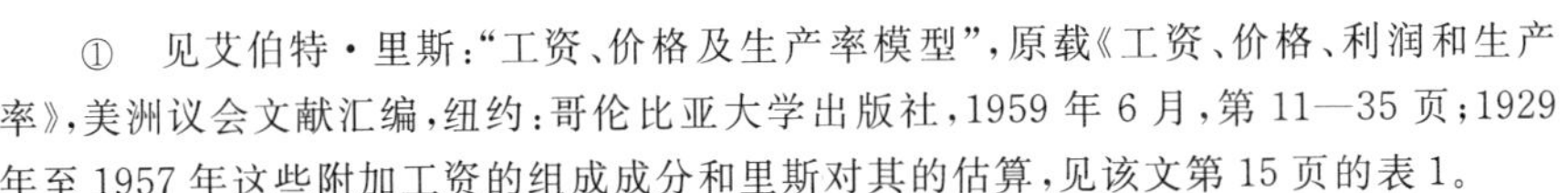

① 见艾伯特·里斯:“工资、价格及生产率模型”,原载《工资、价格、利润和生产率》,美洲议会文献汇编,纽约:哥伦比亚大学出版社,1959年6月,第11—35页;1929年至1957年这些附加工资的组成成分和里斯对其的估算,见该文第15页的表1。

② 同上,第13页。

度不断地增长。从 1900 年以来的每一个 10 年,那些为获取工资或薪金的劳动的性质,都显现出巨大的差异。

我们在估算劳动者工作时间的小时价格时,可以采取下述两种方法中的任一种来解决劳动力的性质一直在不断变动这一难题。首先,我们可以构建一个能与消费价格指数相比较的劳动价格指数,该指数可表明某段时间内工资和薪金的变动情况。或者,我们也可以假定有这样一种标准工资模式,它可能会在一段时间内按不同的时期发生变化。这种方法的依据是,假设在每个不同的时期内,各种主要类别的劳动者的工资彼此相对来说大体相同。该方法的优点在于,我们可以出于实用分配经济学的目的,将这些工资形式一一进行探讨,就好像真的有这样一种标准工资似的。

我们将把制造业生产工人实际用于工作的每小时的全部报酬当作标准工资。制造业工人是劳动力中人数最多的部分,其次是零售商业的劳动者,尽管其数量相对于制造业工人来说一直在迅速增长,但其从业人员的小时工资水平却一直相当于制造业工人的 70%左右①。目前即将变得显而易见的是,当受过教育者的教育成本得到应有的补偿时,其所得到的实际工资,从长远看,是由标准工资决定的,即是由劳动力市场为广大劳动者的服务所支付的报酬决定的。这意味着,在某一长时期内,举例来说,中小学教师、高等学校教职员工,以及其他受过高等教育的人的实际工资是

① 见《总统经济报告》,华盛顿特区:总统经济顾问委员会,1976 年,表 B27 和 B28。

标准工资和其他使其所受的教育变得合算所需的附加报偿的总和。至于农业劳动者的实际工资，可能更容易看出其对标准工资的依赖性。农业劳动者的实际工资也主要是由整个经济体系的标准工资的增长决定的，而非由特定的农业活动所决定的。

在我们试图进行这种计量时，主要关心的是人的时间价格，即为人们每小时的工作时间所支付的价格。这一点必须搞清楚。一些经济增长理论趋向于忽略某一时期内所发生的使用各种生产要素相对价格的变化。由于人的时间的相对价格一直在很快地增长，所以，如若忽略使用各种生产要素相对价格的变化就意味着没有考虑这种价格对当前可利用资源的配置和为扩大未来资本存量所进行的投资所起的刺激作用。价格的作用非常重要，其所导致的收入效应会随之发生。

在美国，我们用其作为标准工资的部分劳动力的每小时工作时间的报酬，若按 1967 年美元计算，在 1900 年至 1970 年从大约 0.6 美元增长到 3.27 美元；或者说，在此期间，这部分工人每小时工作时间的报酬增加了 5 倍(见表 4－1)。如果我们将这一长时期的上升趋势分成四个时期，其中每个时期的开始和结束之时都处于经济运行状况良好的时候，每个时期的年工资增长率如下[①]：

① 另外一种描绘这段期间内工资报酬变化的方法，是指出小时实际工资从 1900 年至下一个 10 年的中期呈缓慢增长状态，第一次世界大战期间急剧下跌而在整个 20 世纪 20 年代和 30 年代初的增长都很缓慢。其后的 25 年，劳动者的小时实际工资呈强劲上涨的趋势。此后，从 50 年代后期至 70 年代，工资的增长再次趋于平缓。以下年份的工资是下降的：1904 年、1907 年和 1908 年，然后是 1914 年、1919 年、1921 年、1922 年、1925 年、1932 年、1945 年和 1946 年。

时期	年增长率
1900—1915	1.4
1915—1930	2.4
1930—1950	3.7
1950—1970	2.12

表 4－1　1900—1975 年美国制造业生产工人的劳动报酬

年	消费价格指数（1967＝100）	小时工资（1967 年美元）	小时工资指数（1900＝100）
1900	25	0.60	100
1910	29	0.70	117
1920	60	0.92	153
1930	50	1.06	177
1940	42	1.60	267
1950	72	2.15	358
1960	89	2.85	475
1970	116	3.27	545
1972	125	3.44	573
1975	161	3.37	562

资料来源：小时工资的数据来源于艾伯特·里斯在《长期经济增长，1860—1970 年》，华盛顿特区：美国经济分析局，1973 年，附录 2，B70，第 222—223 页，一书中对制造业生产工人每小时工作的全部工资报酬的估算。该表中的数据经修订扩展至现在，并从按 1957 年美元计算调整成按 1967 年美元计算。

现在我们来看看非熟练工人、教师和副教授每小时的工资报酬（表 4－2）。应当记住的一点是，在非熟练工人的工资中不包括补充工资。对补充工资部分的调整只限于教师和副教授的小时工资。[①]

表 4－2　1900 年和 1970 年不同类别劳动者收入的比较

	1900 年小时收入[①]（美元）	1970 年小时收入[①]（美元）	相对增长百分比（1900＝100）	1970 年比 1900 年绝对增长[①]
制造业工人	0.60	3.27	545	2.67
非熟练工人	0.58	2.48	427	1.90
教师	0.82	4.39	535	3.57
副教授	2.60	6.18	238	3.58

资料来源：附录：表 B。
①按 1967 年美元计算。

要判断为增加（未来的）收入而投资于人力资本，主要是投资于教育是否值得，关键是看绝对收入差异的变化。若按 1967 年美元计算，在 1900 年，制造业工人每小时的工资只比非熟练工人多 0.02 美元；教师的工资比非熟练工人多 0.24 美元；副教授多 2.02 美元。到 1970 年，上述绝对收入差异分别为：0.79 美元、1.91 美元和 3.70 美元。尽管在这一长时期内副教授的收入增长比其他三组劳动者都少得多，但其绝对收入差异却是最大的。

在从 1900 年到 1970 年的 70 年当中，前两个时期分别为 15 年，后两个时期分别为 20 年。从 1900 年到 1915 年，美国的劳动力增长了 37%，在随后的 15 年当中增长了 26%，而在接下来的两个 25 年中都增长了 35%。1900 年的失业率是 5%，1970 年的失

① 副教授在高等学校的市场上比教授更活跃，因此，比起已经获得教授资格的人来说，副教授的收入在依照标准工资和获得必要的专业技能所付出的成本的变化进行调整方面，滞后时间较短。

业率为4.9%，而1950年的失业率则为5.3%。在这一点上，1913年应当说比1915年要好一些，而1929年要比1930年好，因为1913年和1929年的失业率为4.3%和3.2%。表9给出的是上述四个时期的小时实际工资的增长情况。

表4－3　1900—1970年的收入增长百分比

	1915年比1900年(%)	1930年比1915年(%)	1950年比1930年(%)	1970年比1950年(%)
制造业工人	23	43	103	52
非熟练工人	21	37	72	50
教师	32	38	54	91
副教授	20	8	7	72

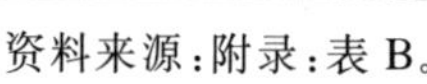
资料来源：附录：表B。

在对某一给定的年份中某些存量已定的资源的配置进行分析时，雇主和雇员都会对这些资源的生产性用途的相对价格做出反应。表4－4所示的是包含在我们前面所划分的四个时期之内的五个年份的工作时间的价格。该表数据表明，我们作为标准工资尺度的制造业工人的工资，在1900年至1970年逐渐增长至比非熟练工人高出大约1/3左右。然而，请再次记住，这里在计算非熟练工人的报酬时没有补充工资部分。在这五个年份中，教师的小时薪金每年都比非熟练工人的小时工资高出大约50%。但是，副教授的时间的相对价格却明显地下降了。

表4－4　小时相对实际收入(非熟练工人＝100)

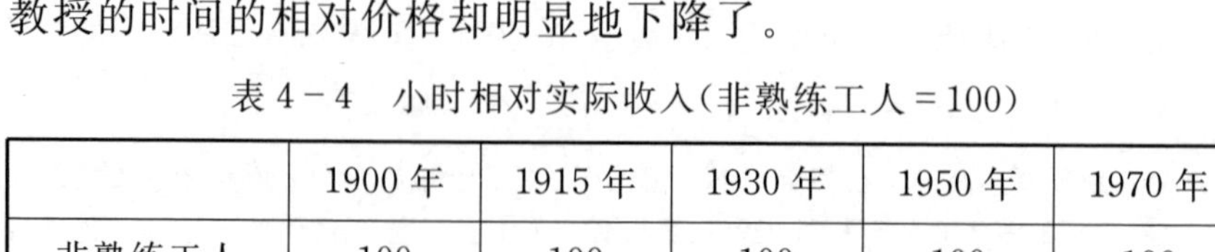

	1900年	1915年	1930年	1950年	1970年
非熟练工人	100	100	100	100	100

续表

	1900 年	1915 年	1930 年	1950 年	1970 年
制造业工人[①]	103	106	110	130	132
教师	141	154	155	139	155
副教授	448	444	350	218	249

资料来源：附录：表 B。

[①]引自艾伯特·里斯："工资、价格和生产率模型"，原载美洲议会文件汇编《工资、价格、利润和生产率》，纽约：哥伦比亚大学出版社，1959 年 6 月。

就我所知，目前还没有完整的有关其他高工资国家的小时工资的系统估算资料，可用来与美国的相关资料进行比较。不过，我们可以利用费尔普斯·布朗（Phelps Brown）的工业部门年实际工资指数（见表 4－5）来进行这种比较[①]。如表 4－5 的数据所示，法国、德国、瑞典，以及英国的工业部门的实际工资的上涨趋势与美国的十分相似，同时也具有一些显著的差异。法国和英国的实际工资在 1900 年至 1910 年没有增长；而在 1925 年，瑞典和美国的实际工资的增长大大超过了另外三个国家（这是否主要是由于这些国家所经历的战争及其所造成的后果带来的影响不同呢？）。直到 1960 年，瑞典和美国在实际工资的增长方面一直保持着领先地位，而英国相对来说却落后于其他几个国家。最后，在 20 世纪 60 年代末期，法国、德国，以及瑞典和美国的资料数据都

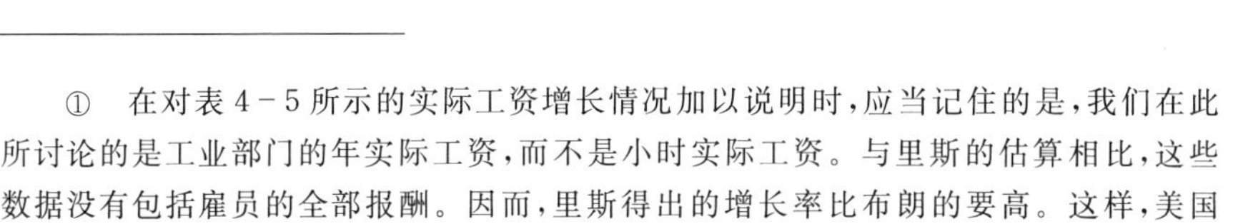

① 在对表 4－5 所示的实际工资增长情况加以说明时，应当记住的是，我们在此所讨论的是工业部门的年实际工资，而不是小时实际工资。与里斯的估算相比，这些数据没有包括雇员的全部报酬。因而，里斯得出的增长率比布朗的要高。这样，美国从 1900 年到 1970 年的实际工资的增长，按照布朗的估算是 4 倍，而里斯估算的小时实际报酬的增长却绝对超过了 5 倍。

表明,在 1900 年到 1970 年,其工业部门的年实际工资都增长了 4 倍多;而英国在此期间其工业部门的年实际工资的增长却还不到 3 倍。

表 4-5　1900—1970 年法国、德国、瑞典、英国,以及美国工业部门实际工资指数(1890—1899 年 = 100)

	法国	德国	瑞典	英国	美国
1900	112	108	110	104	110
1910	112	116	131	104	121
1925	135	127	158	113	160
1930	138	156	183	124	160
1938	142	155	190	133	203
1950	168	174	252	169	292
1960	290	282	343	219	381
1970	442	482	473	301	446

资料来源:费尔普斯·布朗,"工业生产率和实际工资水平及变动的国际比较,1860—1970 年",原载《经济学期刊》第 83 卷(1973 年 3 月):第 58—71 页;见其附录的表 3 及表 5。

注:如同脚注所强调指出的,这些工资指数并不能准确地与根据里斯的估算(参见表 4-1—表 4-5 的数据)而得出的美国的小时工资相联系。

我们试图进行的这种计量,为下述有关人的时间价值增长的五个结论提供了依据,即(1)在美国,人们为获取报酬而致力于工作的偏好和工作机会的可得性这两者之间的相互作用,导致了工作时间的小时实际报酬的巨大增长;(2)虽然目前的证据尚不够完备,但是一些最近的人力资本研究成果却与我们的观察一致地表明,在我们所研究的这段时期内,劳动力市场上以挣取工资为生的普通劳动者与受过较高教育的劳动者之间的小时实际收入的相对

差异变小了;(3)然而,在这段时期内,上述两类劳动者的实际收入的绝对差异却增大了,可以推测,这是因为这种差异足以为额外增加的教育成本提供补偿,并且足以诱使更多的人去获得这种教育;(4)我们所选定的四个欧洲国家工业部门劳动者的实际收入的长期增长,显现出一种与我们所描述的与美国人的时间价值的增长相类似的过程;而且(5)可以推测,我们所观察到的价值与价格的运行方式,都是特定的经济增长方式所带来的结果。

但是,在对所观察到的现象进行理论上的阐释之前,我们还要记住另外一系列特定的价格,即那些差不多完全等同于自然资源的商品的价格。对我们所研究的此段时期的该类商品的价格进行观察是有用的,因为人们普遍认为自然资源在经济体系中是关键的制约性因素。表 4-6 所给出的是可更新的自然资源——农业及林业,以及不可更新的自然资源——包括矿物燃料在内的矿业产品的价格。这些产品的价格当然不是纯粹由自然资源本身提供的服务的价格,而是远远高于它,因为自然资源的服务还要以各种各样的组合方式,与其价格一直在不断上升的劳动以及可进行再生产的有形资本所提供的生产性服务结合在一起。

大多数利用自然资源生产出来的商品的物理、化学,或者生物的特性一般都会在相当长的时期内保持不变。1900 年生产的 1 蒲式耳小麦与 1970 年生产的 1 蒲式耳小麦几乎没有什么区别;对于 1 吨铅、1 吨铜,或是 1 吨硫磺来说,情况也同样如此。不过,有些自然资源产品的质量也会随着时间的推移而发生变化,例如,牛奶和另外一些畜产品。这些商品价格的历史记录,一般来说要比那些中间商品的价格记录更为可靠。就美国而言,我们已拥有波特(Potter)

和克里斯蒂(Christy)对采掘工业产品所进行的出色研究成果①，并且曼赛(Manthy)又对波特－克里斯蒂的估算进行了修订②。

表4－6所示的数据表明，与表4－1中所显示的小时实际工资超过5倍的增长情况相比，这一时期(1900—1972年)扣除通货膨胀因素后的自然资源产品价格呈轻微下跌的趋势③。在农业部门，尽管在这一时期的部分时间内政府曾给予了各式各样的价格支持，但扣除通货膨胀因素后的农作物价格仍然下降了大约1/3；畜产品的这一价格指数仍近似于期初的水平。一般来说，生产畜产品的成本费用受人的时间价格的影响程度，比生产农产品的成本费用会更大。该表所给出的扣除通货膨胀因素后的矿物燃料的价格指数表明，当所有矿物燃料的这一价格指数在本时期末与1900年相比降低了大约1/4时，烟煤的价格却上升了，而石油的价格下降了。毫无疑问，煤炭价格的上涨确实在很大程度上是由于实际工资的增长④。

---

① 尼尔·波特和小弗朗西斯·克里斯蒂：《自然资源产品的趋向》，巴尔的摩：约翰·霍普金斯大学未来资源出版社，1962年。

② 密西根大学教授罗伯特·曼赛极其慷慨地将他得到的大量表格印制之后供我使用，对此我十分感激。

③ 毫无疑问，倘若读者坚定地认为1973—1975年大部分依赖自然资源所进行的生产的价格的上涨，是一个新时代的开端的话，就会将此表中的价格指数视为不再有什么意义的、已过时的资料。另一种与此相反的观点是，促使当前生产价格上涨的事件，无论是利用自然资源，还是利用人工资源所进行的生产，大部分都是转瞬即逝的现象。

④ 有关这些产品的价格及自然资源租金的更为全面的分析，参见我在《农业经济学演讲集》(在美国农业部经济研究司主办的200周年纪念大会上的演讲，华盛顿特区：美国农业部，1977年6月)一书中的有关文章；也可参见约翰·克鲁蒂拉和安东尼·费希尔的《自然环境经济学》，巴尔的摩：约翰·霍普金斯大学未来资源出版社，1975年；以及彼得·林德特的“土地的稀缺性和美国的经济增长”，原载《经济历史学期刊》第34卷(1974年)：第851—884页。

表 4－6　1900—1972 年美国扣除通货膨胀因素后的自然资源产品价格指数(1900 年＝100)

年份	全部产品	全部农产品	全部粮食产品	全部畜产品	全部林产品	全部矿产品	全部矿物燃料	烟煤	石油	天然气
1900	100	100	100	100	100	100	100	100	100	(100)
1910	99	126	118	127	99	76	48	93	42	
1920	109	111	87	118	97	66	118	146	131	118
1930	76	90	73	99	56	45	61	79	59	114
1940	77	86	73	95	87	60	59	104	57	80
1950	108	131	110	141	99	68	81	156	84	68
1960	87	95	75	101	90	75	79	125	79	119
1970	79	88	66	100	74	76	72	125	68	111
1972	83	92	69	104	84	71	74	143	67	112

资料来源:尼尔·波特和小弗朗西斯·克里斯蒂:《自然资源产品的发展趋势》,巴尔的摩:约翰·霍普金斯大学未来资源出版社,1962 年。实际价格按产出价值加权计算,并经密西根大学的罗伯特·曼塞用 1967 年的权数加以修订。该表中的实际价格指数是经利用消费价格指数(1967＝100)扣除通货膨胀因素后得出来的。

第二节　理论上的阐释

如果没有适用的理论，就不可能对引起我们所描述的相对价格变动的决定因素做出令人满意的分析。这些决定因素大概是包含在前一节所说的历史过程中的整体组成部分。由于“增长”意味着一段时间内所发生的变化，因此所需要的理论就可以被当作一种经济增长理论。但是，公平地说，迄今为止尚没有一种增长理论足以全面综合地对决定那些由可观察到的经济行为所造成，又转过来与该经济行为保持一致的相对价格和资源存量的变化因素及事件，做出详尽的说明。早期的古典经济学十分重视价格问题，但是却没有涉及我们这里所考虑的一些国家中已经发生的各种生产要素所提供的服务价格或租金的变化。同时，现代宏观增长理论则倾向于全力探讨资源数量的变化。

我们的前辈所进行的各种有关价格问题的古典经济理论的论争，对于现在所进行的分析几乎没有什么用处。李嘉图的地租理论对自然资源租金在经济增长及国民收入份额方面的价格效应的历史并没有作深入的研究与理解。事实上，在高收入国家，地租在国民收入中所占的份额，以及地租在经济和与之相关联的社会及政治生活中的重要性，在我们所研究的这段时期当中，已经明显地下降了。在此，我们要再一次提到李嘉图，为什么他的地租理论在这些国家失去了经济上的刺激作用？前人有关马尔萨斯理论中的工资趋向于维持生活之最低水平的争论，并没有为我们现在所探讨的可用以说明目前这些国家中广大劳动者所获得的较高生活水平的原因及其过程，提供真正的线索。作为其替代应运而生的，是由人的时间的高价值所决定的人口均衡论[①]。与马克思的论点——由大批失业工人所组成的产业后备军使工资趋向于最低水平——相关联的有关劳动剥削的论战，也没有为理解需要阐明的实际工资的大幅度提高的原因提供任何帮助。虽然气势宏大和不断发展的古典经济理论非常重视价格和工资问题，但却没有着重论述我们现在要解决的问题。

一种简单的供给—需求分析方法有助于我们澄清一些问题。人的时间的供给和需求曲线相交的切点揭示出我们所看到的这种价格。于是，供给与需求表的变化就说明了这段时期内已记录到的人的时间价值增长的原因。人的时间的定价问题的关键在于决定其供给和需求变化的因素。我们对促使供给增加的各种因素，无论是从劳动力规模的角度，还是从劳动者质量特性的角度，都已经了解得很多了。但是这至多只是所发生的价格变化的部分情况。尚未解决的问题的要点在于，我们对在这段时期内如此强有力地促使需求向上移动的因素，几乎是一无所知。

在设计一种方法以了解那些能说明这一供需表上所发生的变化的因素时，必须具备一种包括一切的资本形成的概念。在使用这一概念时，必须懂得各种旧的和新形式的资本的异质性，并对其加以充分详细的说明，以不仅确定它们之间的替代关系，而且还要

① 见西奥多·舒尔茨："人口出生率和经济价值观II，人的时间的高价值：人口均衡"第14—22页；以及马克·纳洛夫："有关人口及经济增长的新理论"，原载于西奥多·舒尔茨主编的《家庭经济学：婚姻、子女和人力资本》，芝加哥：芝加哥大学出版社，1974年。

确定这些不同形式的资本之间相互补充的关系。由于资本的形成需要进行投资，因此，明示某段时期内投资刺激因素的变化情况，即可供选择投资的期望收益率的变化情况，是非常重要的。

投资机会、活动，以及人的行为的变化，引起了价值规模和资本存量结构的变化。这些拓宽了投资选择范围的变化是一些有利的进展。各种不同形式的资本在性质上存在着巨大的差异。自然资源是不可再生的资源，但是各种建筑物、设备，以及各种生产品和商品的存货却具有可再生性。人类由于具有人力资本的特性因而成为生产力，并且是一种不断完善的生产力。从根本的意义上说，各种不同形式的资本，正是由人们对其在使用中的重要性的偏好所造成的。值得注意的是，在高收入国家，人力资本的增长率已经超过了非人力资本的增长率。

要对资本的异质性加以详细确切的说明，就不能只是将其分成自然资源、可进行再生产的物质形式的资本，以及人力资本这样几大类型，因为在上述每一类资本中的新的资本形式，都会对相对价格（收益）的变化和供给及需求表的变动，起重要的作用。一种能充分说明资本之异质性的，包括一切的资本概念，是我们需要的分析模型的核心[①]。在用这种方法探讨增长和相对价格的变化时，必须要考虑如下三个命题：

（1）有必要用由于土地之替代物的出现，使得地租在国民收入中的份额呈下降趋势这一命题，来取代李嘉图关于地租（自然资

① 见哈里·约翰逊："为促进经济发展的广义的资本积累方法"，原载《残余因素与经济发展》，巴黎：经济合作与发展组织，1964年，第219—227页。

源）在国民收入中所占份额不断增长的原理。一个值得注意的例子是杂交玉米的发明，我们可以将其视为土地的一种替代物，或者将其视为能够增加土地产量的一种新投入。塑料和铝已成为多种金属和木材的替代物，核能量成为各种矿物燃料的替代物。有关这些替代物的生产（研究与开发）的经济学理论尚处于幼年期，这一经济部门的未来产出状况与其他实用知识的进展一样，都具有不确定性。

（2）在生产中，一些新的资本形式对另一些资本形式具有补充作用。这种互补性使得一些特殊的新形式的物质资本对某些特殊的人的技能（构成人力资本的一部分内容）之需求有所增长。最近出现的计算机就是有关于此的一个例子。反之，新形式的人力资本对特殊种类的追加物质资本的需求也会有所增长。在生产乳酪和其他奶制品的过程中，有一种能控制空气中真菌生长，同时为改进产品口味所必要的菌种的复杂的细菌学方法，这种方法的发展需要生产者具有细菌学某一分支学科博士学位的技能，这就使对有资格使用这种方法进行生产的博士的需求有所增长，也使奶制品业对新型设备的需求有所增长。对这些互补的资本形式，需要加以确认，并将其包括在我们的分析模型中。

（3）在经济增长模型中使对观察期内相对价格变化的分析占有一定的地位，是对早期古典经济学分析方法的一种回归。因为现代宏观经济增长模型倾向于将价格作为既定的因素（通常是固定的），所以将相对价格及其作用包括在内是一个基本的分析命题。无论如何，相对价格，包括可选择的投资收益率，是驱动经济体系进行运转的主要动力。要是这种主要动力不存在，我们就必须求助于影子价格把它创造出来。

需求朝着有利于劳动所提供的生产性服务的方向变化，有助于人的时间价值的增长，这在很大程度上，是由上述第二个命题所提出的资本的互补性造成的。但是，目前经济学的发展水平，还不允许我们验明和确定这种互补性对劳动需求的影响。

人的时间价值的增长所带来的价格和收入效应包括，与财产权相比更有利于人力资本的对劳动者权利的制度上的保护力度的扩大；相对于生产中所增加的物质资料价值来说，劳动的附加价值提高了；工作时间减少了；国民收入中劳动所创造的价值的份额有所增长；人口出生率下降了；人力资本以很高的速率增长。由于其本身所具有的人力资本，人变得比以往更像资本家，并且他还要寻求政治上的支持以保护其资本的价值。人的时间价值的提高带来了对制度的新需求。一些政治的和法律的制度尤其要受这些新需求的影响。通过观察我们发现，这些制度的反映表现在许多方面。劳动的法定权利被加以扩大，而在此过程中，一些由财产带来的权利却被削减。承租者的法定权利得以增大。对工作资历和工作安全的保护在不断地增强①。按类别进行统计的国民收入的历史清楚地表明，在观察期内国民收入的类型已发生了与劳动者实际收入的增长相平行和相联系的巨大变化。一方面，在劳动力和小时

① 见我的“制度和不断增长的人的经济价值”，原载《美国农业经济学期刊》第50卷(1968年12月)：第1113—1122页。也可见弗农·拉坦的很有价值的论文：“一体化的农村发展纲要：有疑问的展望”，农业开发委员会，纽约，1975年，转引自《国际发展评论》第17卷，第4期(1975年)。

工资之间；另一方面，在非人力资本的数量和其所提供的服务的价格之间的相互作用，都是极其复杂的。库兹涅茨(Kuznets)为我们提供了一种分析这些相互作用的方法。在这种方法中，他将以“土地”为代表的财富存量的增长和可进行再生产的生产者的资本存量的增长，以及这些形式的资本的服务价格的变化，与全部工作人时的增长和每一工作人时价格的提高，联系在一起进行分析[①]。他的分析意味着，劳动附加价值的相对增长是相当可观的。

与劳动对国民收入的贡献之增长相对应的，是物质资产在国民收入中所占份额的下降。库兹涅茨对西方国家的这一发展过程进行了相当长时期的考察，他发现其国民收入中由物质资本所贡献的份额从大约45%下降到了25%；而劳动对国民收入的贡献从大约55%上升到了75%[②]。

到1970年，美国官方公布的按不同类型统计的国民收入中大约有3/4是由雇员的工资报酬组成的[③]，余下的1/4可分成财产

① 见西蒙·库兹涅茨：《现代经济增长》，纽黑文：耶鲁大学出版社，1966年，第181—183页，其内容与这一分析中的问题直接相关。这部分的分析只限于美国的情况，且只限于从1909—1914年和1955—1957年的情况。

② 西蒙·库兹涅茨关于经济增长和收入分配的研究成果，对于这个问题具有经典性的贡献。除《现代经济增长》一书以外，还可参见他的“经济增长和收入的不均等”，原载《美国经济评论》第45卷(1955年3月)：第1—28页；另可见“各国经济增长的数量分析：VIII.按规模计量的收入分配”，原载《经济发展和文化变革》第II卷第2期，第2部分(1963年1月)；以及《经济增长和国家》，马萨诸塞州，坎布里奇：哈佛大学出版社，1971年。

③ 《长期经济增长，1860—1970年》，华盛顿特区：美国经济分析局，1973年，第22页。雇员的报酬包括各种增值的收入，如工资、薪金、小费、奖金红利、佣金、假期工资，以及实物性收入；还包括补充工资和其他小额优惠，例如，由雇主支付的个人养老金和医疗，以及其他福利基金。

所有者收入、租金收入、净利息收入，以及公司赢利等四大类。在这四类由“财产”带来的收入中，还包括相当一部分由劳动所挣得的收入[①]，这部分收入是因那些从事自我雇用的工作和管理其财产的人们所付出的工作时间而得以增长的。据保守的估计，在1970年的国民收入中由人力所贡献部分的总和——按雇员的工资报酬，再加上进入市场部门经济活动范围内的自我雇佣者和财产管理者的劳动所得——足足占了全部生产品价值的4/5。

但是，我们所计算出来的国民收入，却比人们从其财产所提供的服务和其所花费的时间中所实际获得的收入要少得多，这是因为国民收入的概念被限定在市场部门的经济活动范围之内，而没有包括全部家务产品的经济价值。从家务产品中所获得的附加收入，大部分是由家庭主妇的时间价值贡献的。在国民收入中被遗漏掉的，还有成年学生投资于其教育的时间价值，以及劳动大军中的年轻成员投资于在职培训而只得到部分补偿的时间价值。这些时间的价值，以及另外一些创造收入的活动的时间价值，都没有被计算在国民收入之内。

小时工资的价格及收入效应可用以说明在时间分配上所发生的一系列广泛变化的原因。当预计未来的工资会由于受了更多的教育而有所提高时，年轻人的反应是推迟挣钱工作而用更多的时间去接受教育。年轻人获取更多教育的益处具有两重性：他们今

① 我们将把工资收入概念限定于人们由于提供了生产性服务而获得的补偿性收入。财产所有者从其财产所提供的生产性服务中所获得的收入将被认为是财产收入。

后的工资会比以前高，但可期望的高收入和各种满足却要在一些年之后才能兑现。由于工资的提高，靠工作挣取工资收入的人便可以在较年轻时退休，因为他们已能在其工作生涯中为退休积攒较多的钱。这一点，又与人们花钱购得健康状况的改善，从而使个人可以选择是否延长从事工作的年限，达到了平衡。妇女的时间价值的提高，对于家务生产中各种形式的物质资本的替代使用是一个刺激因素，而且，由于妇女要在孩子身上花费大量的劳动，所以对孩子的需求有所减少，由此而增加的妇女的部分时间便被分配到劳动力市场上去了。

工资收入的增长也说明了 20 世纪以来工作时间减少而闲暇时间增加的原因。就美国的民用经济部门来说，从 1900 年至 1970 年，其周平均工作时间从大约 53 小时下降到 37 小时，每个雇员的年均工作时间从 2 766 小时减少到 1 929 小时。从年工作时间和收入之间的相互作用来看，在 1900 年至 1920 年，工作时间减少了 7%，而年收入增长了 43%；在 1920 年至 1940 年，上述两项数据分别为 12% 和 53%；而在 1940 年至 1970 年，年工作时间减少了 13% 劳动者的实际年收入却增长了 73%[①]。

1900 年，美国受雇的平民劳动力为 2 696 万人，1970 年为 7 863 万人；但是，在年工作时间经过调整下降了 30% 的情况下，1970 年的全部雇佣工作时间只比 1900 年增长了两倍。尽管年工

① 见附录：本段中的数据基于表 C 的资料。

作时间有所减少，但是1970年的全部劳动收入（按1967年美元计算）却超过了1900年的11倍还多。然而，美国国民收入的类型分布却显示出1970年的劳动收入总额还要稍微大一些。对此，下面的解释似乎有些道理，即制造业工人的实际工资并未充分真实地表明所有雇用劳动者的年平均收入，因为考虑到受过更好教育的工薪劳动者人数的相对大量增长，就会预料到其年均收入的提高。

另一种分析方法是考查国民收入中各种不同有效份额的变化。1900—1909年，若使用官方的国民收入概念计算，雇员的工资补偿约占55%，而1970年该部分工资补偿在国民收入中所占的份额为75%[①]。在1909年至1970年，国民收入中除雇员的工资补偿以外的各项收入所占份额的变化如下：财产所有者的收入从24%下降到8%；租金收入从9%下降到3%。净利息从5.5%下降到4.1%；而公司利润则从7%上升到9%。后两种收入在整个时期内波动十分剧烈，正如当考虑到这一时期经济活动的动荡时，事先便可以预料到的那样。

最后，我们回过头来探讨人力资本投资的问题[②]。近年来经济理论的发展已涉及解释人力资本的积累问题，以及这种形式的

① 《长期经济增长，1860—1970》，第22页，给出了现在的分类别的国民收入分布状况。

② 有关对这一类型的投资的广义分析方法，可参见我的“人力资本投资”，原载《美国经济评论》第51卷（1961年3月），第1—17页；还可见《人力资源》，美国全国经济研究所50周年纪念会学术报告VI（纽约：全国经济研究所，1972年）；《教育的经济价值》，纽约：哥伦比亚大学出版社，1963年；以及《人力资本投资：教育和科研的作用》，纽约：自由出版社，1971年。

资本的价格和收入效应的问题。这种理论上的发展已经导致了运用经济学方法研究人类行为的重要新途径。[①]

我们在前面已经提到，由于年工作时间的减少，尽管美国的劳动力从1900年到1970年实际增长了3倍，但是其提供给市场的总工作时数的增长却要少得多。然而，在同一期间内，美国劳动力所含的教育资本存量，按1956年单位教育成本支出计算，却从630亿美元增加到8 150亿美元，增长了13倍。有关1900年至1957年部分年份教育成本的统计资料已于1961年发表。[②]

有关教育成本的第一项重要计算结果，是将这些估算数据按价格水平的变化加以调整。若以1956年价格水平为基准，每人每年所花费的初等教育成本为280美元；读中学的费用是每人每年1 420美元；高等教育的费用是每年3 300美元。第二项计算结果需将接受初等教育的时间按每年在校天数达到152天的"等量学年"加以调整，以解决从1900年即开始存在的5—15岁入学儿童每年平均在校天数只有99天的问题。表4－7所示的即是1900年、1940年、1957年，以及1970年每个劳动者受教育的年限和为接受这些教育所花费的成本。

① 特别要参见加里·贝克尔的具有创新性的研究论文，其中包括《人力资本：专门就教育问题所进行的理论的和实证性的分析》，纽约：全国经济研究所，1964年；"论时间的分配"，原载《经济学期刊》第75卷(1963年9月)：第493—571页；"论婚姻"，原载舒尔茨主编的《家庭经济学》第299—344页；以及《对人类行为、教育、经验，以及收入的经济学分析方法》，纽约：全国经济研究所和哥伦比亚大学出版社，1974年。

② 参见我的"教育与经济增长"，原载纳尔逊·亨利主编的《影响美国教育的社会力量》，芝加哥：芝加哥大学出版社，1961年，第46—86页。

表 4－7　1900 年、1940 年、1957 年，以及 1970 年美国劳动力受教育年限和所花费的教育成本(单位：美元)

年份	教育程度	平均每人在校学习年限*(1)	按 1956 年价格计算的年教育支出(2)	每名劳动者总支出(3)＝(1)×(2)	第(3)栏分布状况的百分比(4)
1900	小学及初中	3.437	280	962	43
	高中	0.556	1 420	790	35
	高等院校	0.147	3 300	485	22
	总计	4.140		2237	100
1940	小学及初中	6.85	280	1 918	33
	高中	1.71	1 420	2 428	41
	高等院校	0.46	3 300	1 518	26
	总计	9.02		5 864	100
1957	小学及初中	7.52	280	2 106	28
	高中	2.44	1 420	3 458	45
	高等院校	0.64	3 300	2 099	27
	总计	10.60		7 663	100
1970	小学及初中	7.75	280	2 170	23
	高中	3.04	1 420	4 317	45
	高等院校	0.91	3 300	3 003	42
	总计	11.70		9 490	100

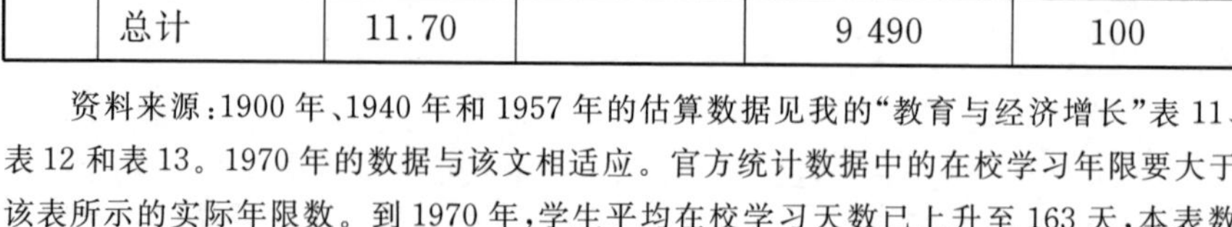

资料来源：1900 年、1940 年和 1957 年的估算数据见我的“教育与经济增长”表 11、表 12 和表 13。1970 年的数据与该文相适应。官方统计数据中的在校学习年限要大于该表所示的实际年限数。到 1970 年，学生平均在校学习天数已上升至 163 天，本表数据没有据此对过去各年数据加以调整。

*已经调整的在校年限。

考虑到人力资本的会计计算包括明瑟尔(Mincer)所指出的数额很大的在职培训投资，迁移的成本和收益，以及为改善健康状

况而进行的投资，因而教育恐怕是此类计算中最为重要的组成部分了[①]。表 4－8 中的资料数据显示出 1900 年至 1970 年期间部分年份根据所受教育的成本计算的，美国劳动力的教育价值的增长使人力资本存量相对于可进行再生产的非人力资本存量的增长情况。

表 4－8　1900—1970 年美国劳动力的教育存量与两类可进行再生产的非人力资本存量的比较

年份	全部劳动力的教育存量*(1)	可进行再生产的非人力*财富存量(2)	第(1)栏相当于第(2)栏的百分比(3)	商业资本存量*(4)	第(1)栏相当于第(4)栏的百分比(5)
1900	63	282	22		
1910	94	463	23		
1920	127	526	24		
1930	180	735	24	491	37
1940	248	756	33	475	52
1950	359	969	37	557	64
1957	535	1270	42	700	76
1970	815			1089	75

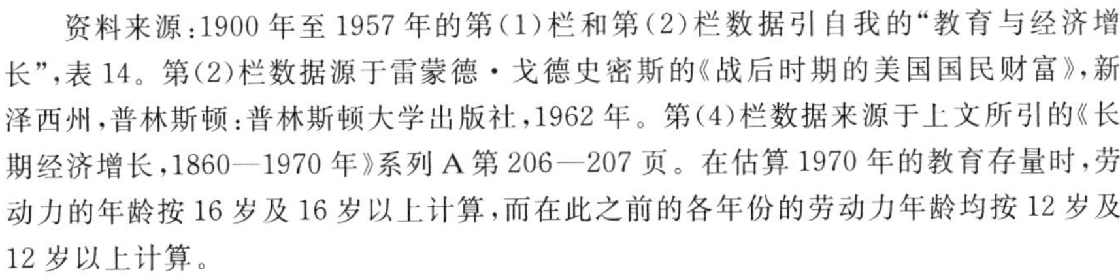
资料来源：1900 年至 1957 年的第(1)栏和第(2)栏数据引自我的“教育与经济增长”，表 14。第(2)栏数据源于雷蒙德·戈德史密斯的《战后时期的美国国民财富》，新泽西州，普林斯顿：普林斯顿大学出版社，1962 年。第(4)栏数据来源于上文所引的《长期经济增长，1860—1970 年》系列 A 第 206—207 页。在估算 1970 年的教育存量时，劳动力的年龄按 16 岁及 16 岁以上计算，而在此之前的各年份的劳动力年龄均按 12 岁及 12 岁以上计算。

＊10 亿美元。

① 见雅各布·明瑟尔：“在职培训：成本、收益和某些含义”第 50—79 页；以及拉里·斯贾斯塔德：“人类迁移的成本和收益”第 80—93 页，原载西奥多·舒尔茨主笔的“对人进行的投资”，《政治经济学期刊》第 70 卷增刊，第 2 部分(1962 年 10 月)。

在全世界的大多数地方，劳动者仍然只能挣得微薄的收入。低收入的国家覆盖着世界版图的绝大部分。然而，在少数几个国家，人们为工作所付出的时间价值却非常高。从经济发展史的角度来看，成为这些特殊国家特点的人的时间的高价值，是近年来经济发展的产物。在这些国家，实际工资和薪金的增长体现出人们所获得的经济福利收益，而这种收益则是其经济增长的最重大的成就。人们用于工作挣钱的时间大大地减少。大多数工作不再是艰苦的体力劳动。对劳动者技能的需求比以往增长了很多，对技能供给的反应既强烈又明晰。但是，就各种新资本形式的互补性而言，这种需求的增长仍然未被揭示出来。关于人力资本的构成，库兹涅茨的有力评论为我们打开了探索之门。

> (一些)被归入消费的成分可以视为资本性投资，这并不是因为其支出是用于耐用产品……而是因为这些产品的使用与作为生产者的该消费者的工作效率密切相关。我们在此所讨论的主要项目是教育(正规教育和在职培训)费用支出，还有一些用于医疗保健和娱乐的费用支出……这些成分并不是微不足道的……如若只是正规教育的直接成本就占了总资本构成的20%以上，那么，可以作为对人的投资的用于教育、医疗保健，以及娱乐的费用支出，则很可能高达资本构成的4/10[①]。

① 《现代经济增长》，第228页。

历史的事实是，尽管资本的积累数量庞大，但是投资的收益率在我们所考察的这段时期内却并没有减少。大约在40年前，奈特(Knight)在其一篇经典性的论文中就已经领悟到了劳动力质量的提高和科学的进步会因其对投资收益率的影响而发挥的作用[①]。假使我们早能注意到马歇尔的洞察力，就会避免许多在经济增长方面的漫无目的的徒劳分析。马歇尔早就说过：

> 绝大部分的资本是由知识和组织活动构成的，知识是生产发展的最大动力……知识和组织活动的私有财产和公有财产之间的区别十分重要，并且其重要性一直在不断增长；在某些方面，要比物质形式的私有财产和公有财产的区别更为重要。[②]

对人力资本和有用知识所进行的公共及私人的投资，在很大程度上阐明了人的时间价值增长的原因。

① 弗兰克·奈特："投资收益的递减"，原载《政治经济学期刊》第52卷(1944年3月)：第26—47页。

② 《经济学原理》第4卷，第138—139页。

第 三 篇

经济扭曲的盛行

第五章　大城市中教育的扭曲*

在我们的一些主要城市中，很多大规模的教育体系运行得十分糟糕。教师面临的是被扭曲的刺激因素；学生缺乏足够的教育。教育改革已成为时代的迫切需要。许多家长在知道自己的孩子所接受的教育质量不合格的情况下，除了改换居住地点，或者选择私立学校并同时支付教育税和学费等双重费用之外，别无他法。目前许多美国儿童的教育程度显然没有达到应当具备的水平。在大城市的教育中，公平尚未实现，质量却在下降。这些公立学校的毛病到底出在哪里呢？

学校教育的价值毋庸置疑，然而，在用我们所理解的教育价值来解决目前学校教育中的严重问题时，却存在着大量的迷惑与混乱。我们必须十分清晰、准确地将这些问题辨别清楚，才有希望去解决它们。虽然效率和公平的概念与此目的相关，但是仅有这些是不够的。

---

* 在本章的写作中，我引用了一篇为一本由沃尔特·麦克马洪和特里·格斯科主编的有关教育融资的书（伊利诺斯大学出版社，即将出版）所准备的文章。该书对有关人力资本及教育资金的各种重要问题的论述比现有的这类著作都更详尽。仅在此对麦克马洪和格斯科的有益建议表示感谢。

我们的学校教育几乎完全依赖于政府所提供的公共基金。公共基金并不是可以随意使用而没有任何约束的资金，它们也不是纯粹的赐予物。政府对如何使用这些基金的控制问题显然是个大难题。而且，公共基金的筹措也并不稳定。当它迅速增加时，教育的繁荣发展便导致了扭曲现象的出现；当公共基金被削减时，教育事业便会陷入困境。人们也不十分清楚，增加教育基金是否能医治“大教育”的弊病。教育基金的增加不会改变教师缺乏改进教学方法的刺激的状况；更多的基金本身也不会减轻由致力于将教育作为实现社会改革的工具而加在学生们身上的负担；而且可能会导致家长在教育方面的决策权进一步缩小。

教育中公平与效率的互补性在“追求公平”的过程中一直被人们所忽视。在我们的大教育体系中的最佳效率水平，很可能要比目前正在实施的许多改革对实现公平目标的贡献都大。

包括大学的科学研究在内的教育，多年来对我们的经济生产力和社会福利的发展作出了巨大的贡献。正如我们在第四章中所指出的，占整个劳动力最大部分的制造业工人的全部劳动报酬，按其每小时工作的实际工资计算，已在1900—1975年间增长了5倍以上。生产力的这种巨大变化，使教育的收益率在此期间超过了物质资本的收益率。与这种收益率的差异相应的是，以教育为主要组成部分的人力资本存量的增长，一直高于物质资本存量的增长。由物质财产带来的收入份额已由45%下降到20%，而在广义上包括所有市场部门的人力服务在内的劳动力所带来的收入份额，则已从原来的大约55%上升到80%。但是，所有这些成就，却仍然遗漏掉了教育在家庭生产、儿童抚育、医疗保健，以及消费者购买商品和服务能力的提高等方面的非市场贡献；也没有包括教育在使父母能对其子女所受教育的质量做出评价，以及最重要的，即在决定社会能力及生活方式的质量等方面的非市场贡献。在上述依据市场部门的活动所得出的教育收益率中，这些非市场价值都被忽略掉了。

在牢记这些历史性成就的同时，我们又如何来解释当前在我们的大部分教育体系中所存在的各种问题呢？高级中学的等级评定已变得越来越不可靠[①]。进入大学的一年级新生所显示的高中评定等级比过去高，但是大学考试的分数却在不断下降[②]。很多大学的教学质量在下降，但其评定等级却提高了。《科学》杂志在一篇社论中曾提出这样的疑问："高等学校的英才教育能否得以保留？"[③]我们的大学正遭到日益增长的政府干预及其清规戒律的严重损害，但是，它们却没有采取行动来维护自己的真正职能。用爱德华·希尔斯(Edward Shils)的话来说就是，大学已成为过分迷恋恺撒的地方了。[④]

在教育方面的赤字财政政策所获得的便利已不再有所保证(赤字财政，即 Deficit Financing，是一种由政府采用的花费超过

① 约翰·沃尔什："抬高普通高中的评定等级是否掩盖着一个更加令人震惊的趋势？"，《科学》(1979 年 3 月 9 日)：第 982 页。

② 亚历山大·阿斯廷、马戈·金和杰拉尔德·理查森：《美国大学 1978 年秋季入学新生的标准》，洛杉矶：加利福尼亚大学教育研究生院，1979 年。

③ 《科学》(1979 年 3 月 23 日)：第 1199 页。由阿默斯特的马萨诸塞州立大学动物学系主任约翰·帕尔默撰写的社论。

④ 爱德华·希尔斯："上帝与恺撒之争"，1979 年 4 月 10 日在芝加哥大学举行的杰弗逊三次系列演讲中的第二次。

其收入的做法。在美国，自20世纪30年代初期以来，赤字财政已成了规律而不是例外。但是这种做法仍然是有争议的。——译者注）。采取冻结或者大幅度削减财产税的做法，会使学校的财政遭受严重的挫折，正如在加利福尼亚州已经发生的那样。从目前地方学校仍然拥有某些政治自主权的程度来看，在学校的财政中起主要作用的是来自地方资产税的收入。事实上，一旦明确了不动产税在土地价值资本化中的作用，因使用土地而支付的租金就一般来说几乎没有什么变化；尽管目前土地价格的上涨幅度已经大大地超过了通货膨胀率，而我们却还是明显地倾向于减少对不动产、房地产中的土地部分，以及普通地产的征税额。

一个人无法出卖自己的教育资本，也不可能将其所拥有的教育资本存量当做礼物转赠他人。教育资本是他的人力资本存量，他可以在有生之年加以利用和保存。而在我们的思想观念中仍然占据主要地位的物质资本，却在很多重要方面与人力资本有着显著的差异。物质资本的私人所有权受财产权的支配。这类财产可以被卖掉，也可以作为礼物转赠他人。工厂、机器设备、住宅，以及库存的货物，都可能遭到毁损。私人财产应交纳年度税、遗产税，还可能被政府没收。在第二次世界大战期间，尽管德国和日本的人员伤亡惨重，但是这两个国家在人力资本存量方面的损失却还是远远小于其物质资本存量的损失。难民们在逃离家园的同时，也带走了他们的人力资本。政府可以建立一些壁垒使人们没法逃离家园，可以禁止移民他国。但是，即便如此，说到底，虽然政府可以摧毁人力资源的价值，却不可能将其没收充公。

人力资本与物质资本在提供生产和消费服务方面具有许多共

同的经济特点。在不断发展的经济活动当中，它们在许多方面具有互补性，也可以互相替代。掌握高级技能的劳动者在很多现代经济活动中都是必不可少的基本要素。物质资本常常被作为劳动力的替代物，在农场里使用拖拉机便可减少所需的农工数量。然而，现代的大型拖拉机，却必须由技术熟练的拖拉机手来操纵。

研究人力资本的经济学家在有关其所作贡献的政治意义方面，全都过于沉默了。美国人公开赞扬自己的自由价值观和民主制度，并且相信最重要的是人的价值。与这些价值观相一致的是，我们的政府没有修筑壁垒来阻止受过教育的人离开美国；但是，与此不一致的是，我们却竖起篱笆拒人于国门之外；虽然偶尔也会允许某些特殊的避难者进入，但却颁布法令对移民配额加以限制。

那种尽力使家长无权决定其子女所受教育的质量的政策，显然也不符合我们的自由价值观。在物质资本构成中仍占绝大多数的私人市场部门内，要由企业家来决定其即将进行的投资的详细规划及数额。然而那些有孩子就读于大城市学校的父母亲，却几乎根本不能决定其子女所受教育的细则。鉴于家长的教育程度已经大大提高，这种现象就显得更不协调了。家长可以选择迁居郊区，并且有很多人正在这样做。但是，如若抱着一种将全纽约市教育系统的上百万中、小学生家庭都搬到郊区去住的念头，就无异于打算陷入一场噩梦。

这种不能令人满意的局面，在很大程度上是由基础教育和高等教育都与学生和家长的自身利益的分离日益加剧所造成的。这种分离在初等和中等教育中，尤其是在一些大规模的教育系统中，表现最为严重。教育投资的重要性在于获得后天的能力。虽然家长及其子女的自身利益对教育体系的成功来说十分重要，但是，目前我们的教育筹资、组织，以及管理方式却越来越拒绝考虑他们的利益。我们现已找出的使家长权力日益缩小的四个原因是：

(1)学校教育的技术和学科方面的问题目前主要是由职业教育工作者及教育行政管理人员来决定。从事具体教学工作的教师和家长一样，无论其受过多么良好的教育，都被认为没有资格决定这类事务。他们是被通知者，而且即便是这种通知，在很大程度不过是一个公关的问题。

(2)某些职业教育工作者所共有的政治信念是，大规模的教育体系对于提供最基本的优质教学及训练，具有相对的优势。

(3)大多数教育财务专家长期以来所关心的问题，是实现每个学生教育基金方面的平等。而实现这一目标的过程，无疑会大大地促进教育决策的中央集权化。目前教育基金的来源，已经更多地从地方转向州政府及联邦政府。在 1929—1930 年，美国公立中、小学的收入中大约有 83%来源于当地，几乎没有来自于联邦政府的拨款。到 1977—1978 年，公立中、小学来自地方的教育基金已下降到略低于 48%，而来自联邦政府的基金占 8%，州政府的基金占 44%。对教育的控制权也已同样地发生了转移，这一点应当是预料之内的事，正如我们所熟知的道理，“谁出钱谁做主”。忽视教育控制权的集中化是一个关键性的错误，尽管现在假定有一些方法可以暂时阻止这种集中化(例如，总目标批准制可能会避免集中控制)；然而，我们显然并未真的这样做，这一点，从联邦及州政府强烈地倾向于对如何管理学校进行指令，已可明显地看出来。在我们所观察的这段时期内，学校的管理变得有利于其负责人及董事会，后来又转向有利于整个城市的行政管理者。这些人又依次成为州政府教育主管者的受惠人，而他们现在全都处于联邦政府的法定责任范围之内，并要遵守联邦政府的有关规章制度。

(4)教育被认为是实现社会改革的一个主要手段。从责任的角度讲，法律要求我们的教育体系的各个环节，不仅是中、小学校，而且还有高等院校，都必须成为推动改革的积极力量。社会的各项目标始终是与人们普遍持有的价值观相一致的，并且其中的一些目标本来早就应当实现。目前尚未解决的问题是：教育是否是实现这些改革的有效手段？依行政命令而进行的教育方面的变革，是实现这些社会目标的恰当手段吗？这些手段能使教育质量获得多大程度的改进呢？

就目前家长和教师受现有的教育组织形式，及其筹资和管理方式的束缚程度而言，他们对于提高其子女通过学校教育所获得的人力资本质量，能够做些什么呢？考虑到纽约市的教育体系是这样的庞大，在公立中、小学就学的100万学生中的任何一个孩子的家长，或者是在该市从事中、小学教学的5万多名老师中的任何一位教师，实际上各自对于学生所获得的人力资本质量的提高，能够做些什么呢？最近新上任的纽约市教育主管官员弗兰克·马基亚罗拉(Frank J. Macchiarola)被公认为是一位十分称职的行政管理者；但是，他所做的工作又是否能使这一庞大的教育体系得以有效地运转呢[1]？我认为，这些问题的答案都是十分清楚的，即，在这一体系的财政结构、来源于政府的行政管理，以及过度庞大的规模已定的情况下，任何个人都绝不可能在这些方面有什么作为。

教师遭到大量的中伤和诬蔑。有人说，他们对学生的教育成绩并不关心。在这些庞大的教育体系内，他们参加并组建了一些势力强大的教师联合会。通过这些组织，教师为自己谋得了“较少的教学时间，较少参与课外事务，更多地依赖联合会的合同规定，并将其当作职业责任的标准”[2]。通过这些组织，他们还为自己谋得了更好的便利设施、更多的附加福利，以及符合其个人利益的提升和教学任务分派方式。据说这些教师对改进其教学质量极少有或根本没有兴趣。我认为，鉴于目前学校教育的组织及管理方式，这种情况本来大多都是可以预料到的。教师们既不能决定学校的课程、学生的升级和所须遵守的纪律，也不能决定其所教科目要达到的目标。这些决策都是由职业教育工作者来制定的。在评价工作业绩方面，经济学家们认为，重要的是给予激励。但是，在我们的教育体制下，鼓励人们成为优秀教师的刺激因素已变得既微弱又模糊，而且还遭到了严重的扭曲。这些教师正在像应当被预料到的那样，对向其开放的极其有限的机会做出反应。他们不是机

---

① 参见马基亚罗拉的 24 页的“纽约市教育委员会学校教育行政官年中报告”(1979 年 1 月)，在该报告的前 7 页中对责任和义务就强调了 14 次。这份报告的引人注目之处，还在于多次提到“广泛及深远的官僚主义”、“大量激增的骗人的学究式课程”、“严重的浪费现象”，以及校车承包商的“欺诈和偷窃”。麦基亚罗拉在报告中断言：“社会已向不利于孩子们成长的方向发展；如若我们相信不断增加的教育资金能够解决缺乏责任心的问题，那我们就大错而特错了。”他还说：“(教育体系的)管理方面的任务十分庞大。”[(如若目前着手去做)我会说那是不可能完成的]

② 同上报告，第 11 页。

器，而是人，对于其可能得到的、值得选择的机会，是能够察觉、理解，并采取相应行动的。

我并不认为在这一庞大教育体系内广泛存在的许多教师极糟糕的工作业绩是可以原谅的。有组织的教师像组织起来的建筑工人一样，也需为此付出很高的费用。我认为，这些教师是在按超大型教育体系的组织形式和管理方式办事；然而，一个确凿的事实是，这种教育体系并不是他们创立起来的，而是由职业教育家、政府的财政专家，以及我们的教育政治纲领造成了这些极其缺乏效率的教育体系。

只有一位教师的学校如今已十分罕见，虽然在我年轻时这种学校比所有其他公立学校的数量都多。职业教育家促进了学校的合并，并在政治上获得成功。越来越多的这类合并成为使人非相信不可的教育的目标。1931—1932 年以来，学区的数量已从 12.7 万个减少到 1.6 万个；公立小学从 23.3 万所减少到 6.3 万所；而非公立小学却从 9 000 所增加到了 1.4 万所。到 1976 年为止，全国共有 188 个公立教育系统，每个系统的入学人数为 2.5 万名或更多；这些孩子占所有公立学校注册在校生的 28%，平均每个教育系统的在校学生达 6.6 万名以上。这种状况中最糟糕的部分，在于其资料数据容易得到的全美 20 个大城市的学校教育体系的规模[①]。我们的高等院校规模也未能免除这种状况，到 1976 年止，全美新生入学人数超过 2.5 万名的高等院校已有 40 余所。[②]

① 见《教育统计文摘，1977—1978 年》，华盛顿特区，全国教育统计中心，1978 年，表 36。

② 同上书，表 78。

有关教育效率，夸夸其谈的文章很多，但可对其进行实质性研究的成果却很少。要确定任何提供教育服务的学校教育体系的效率，都必须弄清其规模经济的问题。虽然进行这类分析工作既不简单也不容易，但是，教育投入的服务成本以及这些服务的价值，的确要在相当大的程度上取决于该教育企业的规模。

我们现在所建立的这些教育体系，几乎都不具备最佳规模。虽然我并不认为小的必定是完美的，而且小的也可能成本很高，但是却一定不会赞成那种“越大越好”的观念。在此回顾一下有关这个问题的少量文献，以及谢尔(Sher)和汤普金斯(Tompkins)所得出的结论会很有帮助。这两位作者发现，被人们普遍认可的“越大越好”观念的前提条件，并不具备可靠的依据。[1]

我们的公立教育体系已发展成一种在经济上具有某些商业店铺性质的体制。大多数家长要受其居住地所在学区的束缚，他们就像旧俄时代的农奴，虽然可以用钱来赎买自由，但是价格极其昂贵。送孩子上私立学校意味着既要缴纳维持公立学校开支的赋税，同时还得支付高额学费。况且，私立学校也并不都是能免除各种宗教的和种族的影响而很容易进入的。不同地区的公立学校在教学质量方面的差异之大，会使某些家庭因此而支付迁居的费用。这种迁居的明显例证，是将自己的孩子从大城市学校体系转到邻近的郊区学校。然而，即使选择了在郊区居住，也未必能够保证其子女不被校车送回城市里的学校上学。

---

① 乔纳森·谢尔和雷切尔·汤普金斯：“经济、效率与平等”，华盛顿特区，全国教育研究所，1976年7月。

在有关教育的文献中，经常提到家长和学生的参与及置身其中的问题。虽然这些文献并未对这类概念做出确切的可操作的说明，而只是含糊其辞和模棱两可的，我还是发现，其实几乎没人据此要求授予家长一点点权力来管理任何学校教育事务。这种权力可能会妨害大多数大城市学校的运转和管理所依据的法律权威[①]。正是在这一重要的意义上，公立教育体系所具有的垄断经济特性，比商业店铺还有过之。上学读书是强制性的，无论学校的质量是怎样的糟糕，家长和孩子作为个人都必须接受这种教育，除非他们支付得起迁居的费用，或者能为选择私立学校而付出双重的代价。

要是像我这样来探讨公共教育事务，看来可能需要提出两个问题。即家长是否具有确定学校教育质量的能力？他们个人是否愿意支持教育政纲所规定的改革？十分遗憾的是，我们现在已不再进行那种古老的有关家长在教育事务方面能力的争论了。职业教育工作者在公共财政专家和政府的支持下，已经赢得了这样的裁决，即家长们不具备足够的能力来评判学校教育的技术要求，也无权评判课堂教学和各种校内活动的效率，以及其子女所获得的教育质量。在我们的教育系统内部和外部，一大批令人生畏的特殊利益者已在维持现有的公立中、小学的垄断当中，获得了牢固的既得利益，这一点，实在是不应令人奇怪了。

一种有害的观点认为，家长们作为一个阶层，在涉及其子女的

① 对此问题的实用性研究，请参见戴尔·曼的《行政代表制政治学》，马萨诸塞州，列克星敦：列克星敦书屋，1976 年。

教育问题时，是既无资格也无责任的一类人。这种观点必须要加以反对，因为它与无论是作为群体还是作为个人的家长在其他许多活动中的经济行为不相符合。人力资本理论的含义，以及用以确定这些含义之有效性的证据均表明，家长是一些有能力的和精于计算的人。这一事实，无论是在家庭生产、婚姻市场、妇女在从事家务与外出工作挣钱之间的选择行为当中，还是在以孩子的质量代替其数量的考虑、对孩子的健康及教育的投资，以及其他有关方面，都表现得很明显。15 年前我就曾对当时被广泛接受的一种观点提出过不同意见。这种观点认为，低收入国家的农民是一些向来不会对任何或者所有可能会改善其生存境遇的新技术和新机会感兴趣的人①。正如我在本书第二章所论证的，低收入国家的父母并不会对那些可改善其子女健康状况和使孩子受更多教育的机会漠不关心。在我看来，家长对其子女的医疗保健和学校教育具有强烈的个人需求这一十分明显的事实，已被人们所忽视。如若认为我们这个国家目前总的来讲比其前辈受过更好教育的父母在处理有关其子女的教育问题方面不能胜任，显然是一种错误观念。

各种社会改革问题总是会困难重重。有关减少个人收入分配不公的公共政策的基本宗旨，早在 1913 年就得到了使累进所得税制合法化，从而使社会收入向穷人大量转移的宪法修正案的认可。我们的社会对于保护公民权利，以及消除各种形式的歧视以使社

① 参见我的《改造传统农业》，康涅狄格州，纽黑文：耶鲁大学出版社，1964 年；再版，纽约：阿诺尔出版社，1976 年。

会地位低下的种族和少数民族及妇女获得平等的机会，具有明显的兴趣。但是，有些旨在实现社会改革的公共计划已被证明是适宜的和有效的（例如，保护南部黑人在行使选举权方面的公民权利）；而另外一些计划在实现其社会目标方面却表现出并不恰当，有些还很可能会起反作用，这其中就包括一些针对学校体系和高等教育机构所实施的改革计划。这些计划之所以未能实现其目标，是因为很多家长[①]觉察到它们实际上降低了其子女所受教育的质量。由于大多数家长都很重视其子女所受教育的质量，所以他们会对这种改革计划表示强烈的反对。

然而，由此所得出的推论可能会是：这些家长反对那些唤起这些改革的社会目标。不过这种情况很难说清到底有几分确实是归因于此。另一个可能得出的推论是：很多家长认为这些计划会起相反作用，他们不会牺牲自己孩子的教育去接纳这些计划。但是，还有一个更为严重的、完全可以直截了当地说出来的问题是：社会是否会长期宽恕那种把孩子当作人质以获取人们服从这类计划的行为？由教育系统主管人员扣留联邦及州政府基金以及和他们打官司所造成的烦扰是可以忍受的；由上级指令委派的教师也可以忍受；然而，将孩子们置于危险的境地，作为实现无论是何种目标的手段，对一个文明的社会来说，却是不能容忍的。

在我们的主要城市中，许多儿童目前所接受的低质量的学校

① 我们实在不该认为只有高收入家庭才关心其子女所受教育的质量。尽管争议仍然存在，但一系列不断增加而联邦政府决心不相信的例证却表明，由学校用校车接送学生的改革措施并未给黑人提供高质量的学校教育，而且，已有越来越多的黑人家庭正在认识到这一事实。

教育，与所谓的“超高级教育水平的美国人”之说并不相符。虽然对各种在效率和公平之间的权衡进行考察是有益的，但是更重要的，是不要忽略这两者在中、小学教育中的互补性。效率高的学校会大大减少当前盛行的不公平现象，因为实际上，一般来说，大部分家境贫寒的孩子遭到的最严重的欺诈，是由现存学校体系的缺乏效率所造成的。那些能使学校的效率至少近似于最佳水平的教育改革措施，很可能会比任何一种在公平与效率之间进行权衡的方案都更有益处。

我在此所全力关注的缺乏效率的问题，主要是由实际上几乎完全避开了竞争的公立学校既得的垄断所造成的。问题在于，竞争是否会损害教育的最基本的公众利益。高等教育的经验表明，该问题的答案是否定的。我相信，没人会认为我们的65所私立大学和目前仍存在的1 266所其他四年制私立高等院校，不是在为公众利益服务[①]。然而，我们的教育政纲，却受到那些靠使学校教育避开竞争而获得既得利益的有组织的集团的强大影响。

我们所需要的是，由新一代的设计师来制定能为家长及其子女提供选择权的教育政策，以使他们获得较好的教育。在原则上，与此有关的经济需求十分简单，即竞争将会带来更高的效率；家长和年轻人会需要更高质量的教育。公共基金将能分配给他们，以使其在除了将这些基金用于教育之外不带任何附加条件的情况

① 参见《教育统计文摘，1977—1978年》，表108；所给出的统计数据是1976—1977年的。也可参见《高等教育院校的分类》，加利福尼亚州，伯克利：卡内基高等教育委员会，1973年。

下,自由地选择接受教育的学校[①]。基于G.I.权利法案(有关美国军人的。——译者注)所授予的教育补贴,证明了这一原则也适用于高等教育。

教育改革的前景会是怎样的呢?我认为,华盛顿和各州,以及各地方特有的学校体系的教育政纲都会有所改变。我们的各类政府机构,尽管行动迟缓,也会对公众对于教育的数量和质量的要求做出反应。有鉴于此,从长远来看,乐观地看待教育改革的前景倒不是没有根据的。然而,作为经济学家或者教育工作者,我们在理解和领会现有的基础教育和高等教育在组织、管理,以及公共财政的严重局限性方面的无能,却会使我们对改革前景的展望持悲观态度。

我坚决反对如下一些论点,即必须将所有的孩子保护起来,以使其避免受不够资格且很恶毒的父母的影响;学校教育中的弊病应归咎于教师;解决问题的办法是依靠能力卓越的教育行政管理人员;学校应当是进行社会改革的力量而不管其对教育的不利作用;学校教育领域内的竞争基本上都是有害的。

① 我没有特意描述有关这方面的确切建议,尽管它有很多优点。在正式采纳任何教育政纲方面的新举措之前,都必须对可采用的其他方法,以及缺乏效率和不公正的教育的潜在基础,有充分的了解。

第六章　科研的扭曲*

阿尔弗雷德·马歇尔有关“知识是最强大的生产力”这一观点，毫无疑问是正确的。知识的进步，使物质资本和人力资本的质量都有所提高。有组织的科学研究已成为增加知识存量的主要源泉。大多数基础研究都是在大学里完成的，其研究成果是被置于公共领域的公共财富。大学的科研工作是非营利性的事业。要想进行这类研究，必须获得政府提供的公共基金或者私人捐资的支持。在美国，大约70%的基础科学研究是由联邦政府基金资助的，而这些项目的大约60%是由各大学及其附属机构来完成的。然而，联邦政府与各大学之间的关系却在过去的10年当中大大地恶化了。高等院校的科学家们受到日益严重的政府规章的束缚，而经济学的研究甚至更容易遭到这些规章制度的困扰。

第二次世界大战以来，我们的基础科研工作经历了较长时间的繁荣。一个用来衡量这种繁荣和美国的科研成就的实际标准，是1944年以来获得诺贝尔奖的美国科学家人数。第二次世界大战之前，在物理学、化学、生物及医学方面的51位诺贝尔奖获得者

---

* 我第一次致力于阐述这个问题，是在1980年4月23日于芝加哥科学和工业博物馆的一次演讲中。威廉·克鲁斯卡尔和罗伯特·马利金的评论使我获益匪浅；约翰·威尔逊也给了我很大的帮助，仅在此对上述各位表示最衷心的谢意。

中，只有3位是美国人；而在1944年后的20年当中，这些领域内的诺贝尔奖，有一半是授予美国科学家的；最近几年（1975—1979年）的诺贝尔奖得主，实际上有2/3是美国人。现在人们常常认为，在未来的若干年内，获诺贝尔奖的美国科学家人数将会减少，因为西欧和日本的科学正在以比美国更快的速度向前发展，而美国高等院校的科学家的创造力，却由于受到过多清规戒律的束缚，正在日益下降。

大科学（Big Science，指需要大量投资的科学与技术研究——译者注）的报酬递减律表明，这种递减可能会有一个很长的周期。这类周期和报酬递减的说法听起来有一种我们所熟悉的经济学的味道。但是，科学和经济学是不应被混淆的，因为经济学与人类弱点的关系太密切了。我知道讨论这一题目所要冒的风险。在弗兰克·奈特著名的《言论法》一书中，有着大量的真知灼见：“人民越明事理，就越肯定会不同意社会原则和政策的实质性内容，争执也会更激烈。”我也知道，经济学家绝不会刻意地去做讨好别人的事；科学家绝不会对成本和利润的概念轻易示好；而政府则是十分审慎地与高等院校的经济学家友好相处。只有那些非特指某个人的不幸事件，如通货膨胀、失业，以及经济困难时期，才是经济学家所拥有的真正朋友。

无论科学的进步是为其本身，还是为其在实践中的应用，它在这两方面的成就是一种紧密结合在一起的共同产品。养羊的人总是会既收获羊毛又得到羊肉。在对科学研究的价值进行探讨时，我的态度会基于以下两点看法：

（1）科学的进步有助于提高国民经济的生产能力，以及改善人民的生活福利[①]。

(2)科学的贡献具有公共产品的属性。这意味着,对于商业企业来说,不会有足够的刺激使之对产生公共产品的那部分科学研究进行投资。

在进一步探讨这两点见解时,我们会遇到两个不同的问题。第一,很难确定我们从科学进步中所获得的公共产品的经济价值;第二,很难解决为科学研究提供大部分基金的政府部门的组织编制问题。科学成果的价值总的来说很可能会超过正常的投资收益率;高等院校的科学家从其所做的研究工作中,也很可能确实会比政府及商业企业科研机构的科学家获得更多的个人满足,并且会为此原因而接受较低的薪金。与科研的扭曲有关的尚未解决的关键问题,是其资金的筹措及管制的方式所造成的。

除了上述两点见解及其相关的难题之外,还有几个细节问题需要仔细考虑。我们所拥有的庞大的国家科研实验室、加速器、望远镜、远洋观测船,以及各种监测设备、精密仪表和计算机设施,都需要大量厂房及设备上的投资。我们所进行的许多科研投资数额十分巨大,因而使其看起来是不可分割的。现代科研是否能够加以分割,以使一些小国也适合从事这项工作呢?与任何其他非共产主义国家相比,美国的科研机构的规模就相当于通用汽车公司在汽车行业中的地位。(苏联和美国的科研机构的费用支出和科学家数量都十分庞大,但是两者的区别在于:苏联的效率比我们的

① 有关这一点,请参见爱德华·希尔斯的"科学的信念、效用及其合法性"《代达罗斯》第103卷(1974年夏季):第1—15页。

低。)许多低收入国家几乎不具备科技人才和资金来开展和维持科学研究事业。

在 1972 年,世界上有 129 个人口不到 5 000 万人的低收入国家,其中 49 个国家人口不足 100 万人[①]。这些国家既穷又小。虽然大部分石油输出国现在都很富有,但它们是否能在不久的将来即发展起可行的科学研究机构,前景也并不很明朗。有些低收入大国,如巴西、印度,以及墨西哥,倒是可以开展科研工作,但是除了农业科学研究以外,世界上至少有 4/5 的国家在基础科研方面将不会取得任何成就。它们显然是在财力上负担不起。如果把通用汽车公司放在斯里兰卡、坦桑尼亚,或者危地马拉,那它就实在是太庞大了。现代科学研究怎么可能进行分割呢?

我们现在所竭力关注的,是既难于进行管理,又屈从于经济学中所谓的收益递减规律支配的大型科研机构和大的研究项目。其中的一些机构和项目,实际上就是按照各小型研究单位所承担的责任、义务规定来分配研究基金的批发商。然而,科学研究中的创造性,却主要是在小型研究单位从事研究工作的科学家们所具有的特征。我的看法是,许多研究机构已经变得太庞大了,与对科学家个人的工作最为有利的小研究单位相比,这些大机构的效率太低。全国卫生保健研究所就是一家规模极其庞大的研究机构;它在 1979 年根据联邦预算支出获得了全部联邦基础研究基金的 1/3。在其他领域也有一些大型的研究项目,主要是由国家科学基金会

① 根据《世界银行地图集:人口、人均生产量和增长率》提供的资料数据(华盛顿特区:世界银行,1974 年)。

资助的。[①]

在这种科研机构编制超级化的形势下，一个被人们所忽略的情况是，这些小型基础科研单位大多隶属于各个大学。（我注意到的事实是：1979 年美国获得各种科学荣誉的人，都是高等学校的学者。）在为大型研究机构提供基金时，联邦基金的集中是由政府的决策造成的，从此意义上讲，这是科研政纲所导致的结果。

1981 年提出的政府预算使国防部成为金额增长最快的基础科研成果的买主——以实际美元计算，其增长高达 12%[②]，然而，这种越来越依赖于国防基金的研究并不符合高校科学家自由地进行学术探讨的原则。按这种方式分配的联邦基金将不会减弱为基础研究提供经费中的扭曲现象。

联邦政府在美国各大学中颁布社会改革方案，并以扣留研究基金作为强制实行这些改革的条件，这绝不仅仅只是细节问题。由谁来决定开展哪方面的科研工作，以及由谁来分配科研基金使这些研究项目得以完成，是科研政纲内在的重要问题。

第一节　经济学与科学

基础科学会影响我们的文化与社会行为；其中的一些，通常要经过一段相当长的滞后期，并会改变我们的工艺技术。科学作为知识，是一种特殊形式的资本。这种资本完全是由人创造出来的。

---

① 有些大型科研项目无疑必须由大型研究单位来进行，例如，某些类型的天文学研究、核动力研究、各种加速器、远洋舰艇，以及大型设备的研究。

② 埃利奥特·马歇尔：“国防”，原载《科学》（1980 年 2 月 8 日）：第 619—620 页。

它具体体现在科学文献著作中;在诸如计算机和杂交玉米品种的开发当中;以及作为人力资本的人身上。发展科学需要进行投资,并利用稀缺资源来获取未来的收益和满足。因为科学是一种投资,所以虽然表现为特殊形式的资本,它却仍然具有经济活动的性质。

知识的进步对于扩大我们的生产资源和改善生活水平具有十分重要的意义。农业科研工作就是一个很好的例证。20 世纪 30 年代初,植物遗传学家经过 23 年的研究开发了杂交玉米①。随后又出现了另外一些有关玉米品种的研究成果,并增加了一些补充的要素。到 1979 年,虽然玉米的种植面积比 30 年代初期减少了 1 337 万公顷,但是其总产量却是那时的 3 倍。除了这种增产的效果以外,还出现了显著的农田替代效应。植物遗传学家的这一成就,的确是一种"强大的生产力"。

科学进步的经济价值之所以遭到了严重的忽视,其部分原因似乎在于,科学家相信这类成就的价值是不言自明的,可实际上并非如此。任何不是科学家的人,如果试图确定科学的价值,都会被他们当作入侵者看待。就此而言,科学家们很少在自己的领域内缺乏自信,并且还常常为其成果不能在实际中应用而感到自豪。他们总是在小心地提防着科研经济学和侵入其领域的经济学家。

农业科研经济学长期以来一直高居于芝加哥大学的有关议事

① 兹维·格利里切斯:"科研成本和社会收益:杂交玉米及与之相关的革新"《政治经济学期刊》第 66 卷(1958 年 10 月):第 419—431 页。格利里切斯教授多年来投入了相当多的精力在美国从事有关科研及发展经济学的研究。

日程之上[①]。其理论的扩展和资料数据的获取均需付出极大的努力。芝加哥大学的这类研究工作最初集中关注的是美国的农业问题，后来又集中于对墨西哥的研究。早期的研究人员还对印度的农业，以及阿根廷和巴西的个别农作物进行了研究。对美国的研究起始于玉米和家禽的科研工作，后来才扩展到将整个农业科研都包括在内了。这些研究的成果很善于抓住关键的经济问题，即将伴随着成功的失败考虑在内，农业科学研究的收益率也已超过了正常的国民经济投资的收益率。

反科学运动对于确切地衡量科学的综合经济价值并不感兴趣，但是却倾向于从政治角度谈论科学。根据长期从事农业经济学研究和从经济学角度探讨农业基础科研重要性的经验，我认为我们在科研方面的全部投资所取得的经济的和社会的收益率可能还是比较高的，然而我对部分科学部门的效率却大为怀疑。例如，我们在癌症的研究方面花费太多，而对其他一些有价值的基础科研机会却又没能投入足够的资金。收益递减规律表明，有些类别的科学研究已经不值得再为之投入过多的资金了。

按照这种分类方式进行投资的基础研究使我感到十分不安，因为所花费的大部分钱财都要由美国的纳税人来支付。据统计数据最为完整的最近这一年（1978 年）的有关资料表明[②]：这类研究经费的 69.3% 是由联邦政府支付的；14.8% 由产业部门支付；

---

① 西奥多·舒尔茨："科研经济学与农业生产率"，原载国际农业开发局不定期论文集，纽约，1979 年。

② 《全国研究与发展资金来源的类型》，NSF－78－313，华盛顿特区：全国科学基金会（NSF），1978 年，第 4 页。

9.9%由各大学支付;6%由各类非营利机构支付。那么,这类研究工作实际上又是由谁来做的呢?这个问题的答案是:各大学及其附属机构承担了59.1%;联邦研究机构承担了16.1%;产业部门承担了16.1%;而除大学以外的各非营利性研究机构所承担的基础研究工作为8.7%。由于经费的原因,联邦政府对这些研究项目拥有最大的决策权。其权威的旨意大概不仅仅只限于由联邦研究机构所承担的那16.1%的基础科研项目。产业部门对其所承担的基础研究项目投入的经费相当于政府所提供的资金的3倍。在由除大学以外的各非营利性机构所完成的基础研究项目经费中,政府资金占60%的份额。而在事实上承担了3/5基础研究工作的各大学,却在与人讨价还价方面处于最弱势的地位,他们"自己出资的"研究经费,只相当于联邦经费的1/4。从这一意义上讲,这些大学对其所进行的基础研究工作只具有较少的决定权。问题的难点正在于此。

有关应当由谁和在什么条件下来支付基础科研费用的经济学道理,对于由产业部门为其自己的利益所进行的那一小部分研究项目而言,十分简单,即获得利润;而对其余的部分来说,我们的探讨却属于公共产品的领域。所谓公共产品,就是必须由政府基金和愿意赞助这一公共利益的私人资助者出资来进行生产的产品。然而,一个实在是遭到太多忽视的事实却是,我们必须得有依据来作出有关的决策。需要了解相对于成本而言,哪些基础研究值得进行,以及每一类研究花费多少最为合算。把这些决策的方方面面都留待议会和政府行政主管部门去做是不够的。在我们为争取自己大学的自主权而与全体选民协商时,极其需要有关科研的价值的公共信息。

目前用联邦研究基金直接支持学术研究活动的制度化体系尚未形成。拥有大量科研基金的美国能源部既不能将这些基金分配给基础研究项目，也不能分配给应用科研项目。在1981年的预算案中，计划增加的大批拨给国防机构管理的基础研究经费，所采用的是一种间接的和不能令人满意的资助学术研究的方式。经美国国家宇宙航行局提供的大量这类研究基金的分配及使用情况，也比其他部门好不了多少。

当认识到我们在科研方面的扭曲还不像苏联那样势必更加严重时，还会感到一些慰藉。获得人体和生命科学的高学位的苏联科学家数量比美国略多一些；在物理学和天文学领域，苏美两国的科学家数量大体上相同；而我们的化学家和生物学家的数量却比苏联多。据诺尔廷(Nolting)和弗什巴克(Feshback)提供的资料，苏联的高级农业学家数量至少要比美国多70%[①]；博伊斯(Boyce)和埃文森(Evenson)的研究表明，苏美两国在高级农业科学家数量上的差距还要大得多[②]。但是，在1969—1973年，苏联农业科学家每年平均所发表的经三家国际级的文摘杂志做过“质量甄别”的高水平农业科学出版物为2 690种；而美国农业科学家在同一时期所发表的同类出版物年均却达4 700种。[③] 1929年，我曾在

① 诺尔廷和弗什巴克：“苏联的研究与开发工作人员的从业状况”，原载《科学》(1980年2月1日)：第493—503页。

② 詹姆斯·博伊斯和罗伯特·埃文森：《农业科学研究和计划的扩展》，纽约：农业开发委员会，1975年。

③ 诺尔廷和弗什巴克：“苏联的研究与开发工作人员的从业状况”，原载《科学》(1980年2月1日)：表12，第502页。

当时颇有名气的位于顿河畔的罗斯托夫小麦实验站呆过一段时间，那时的苏联还未实现农业集体化，该实验站所做的研究工作在质量上还可以与美国相媲美。而在 1960 年，当我作为苏联科学院的客人重访旧地时，其农业科学研究的质量显然已经大大降低了。据我所知，在苏联，除了向日葵以外，没有任何一项农业生产率的提高是源自于其农业科研成果。苏联所奉行的教条主义和中央集权体制，已经极严重地损害了她的农业科学研究事业。

美国政府对基础科研也采取了很多垄断性的控制手段，并且，谁要是认为这种控制将会逐渐消失，就是在痴心妄想。约翰·威尔逊（John T. Wilson）最近开始就“宏伟的计划：宏伟的幻觉”进行分析，他发现，“无论人们是否从宽泛的周期的角度将联邦政府与高等院校的关系看成是最近才恶化的”，这种关系都是从 20 世纪 50 年代和 60 年代起就遭到了严重的损害①。（威尔逊的见解和批评是以其作为全国科学基金会行政管理官员和前不久刚刚卸任的芝加哥大学校长的经验为依据的。）杰勒德·皮尔（Gerard Piel）一年前在美国哲学学会的演讲既简洁又富于说服力，他说：

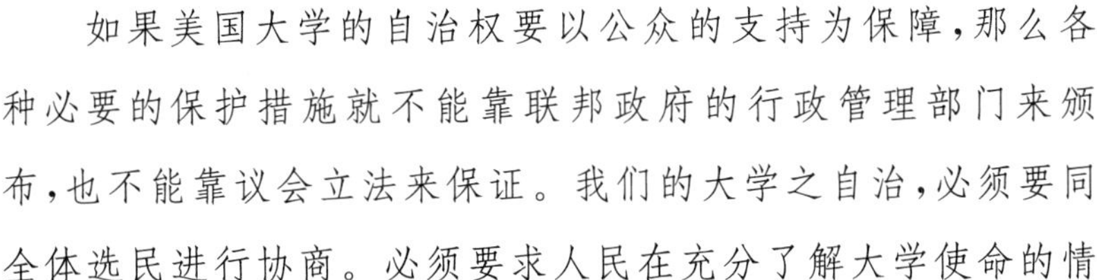

如果美国大学的自治权要以公众的支持为保障，那么各种必要的保护措施就不能靠联邦政府的行政管理部门来颁布，也不能靠议会立法来保证。我们的大学之自治，必须要同全体选民进行协商。必须要求人民在充分了解大学使命的情

① 约翰·威尔逊：“高等教育与华盛顿的现状：1980 年”，芝加哥大学，1979 年 10 月。所引文字经过允许。

> 况下给它以支持……一般选民中准备考虑这一建议的人数必定会占相当大的比例，因为在我们的全体人口中有3 000万大学毕业生。①

公众不清楚科学的价值，是可以理解的。除了农业科学家外，其他领域的科学家在使选民了解科学和与之协商来争取其支持方面，实在是没有做过什么努力。作为这种协商的一部分内容，科学家应当勇于正视许多由菲利普·汉德勒(Philip Handler)。② 所确定的使公众对科学的价值产生误解的原因。科学家应当揭露那些"反科学和反理性"运动的本质，并指出"追随时尚地看待营养问题"，以及"无事实根据地断言存在环境公害"等观念的危害性。科学家必须要"剥掉那些假充内行者的伪装"，以在公众心目中树立起对科学的信任。他们还必须"遏止"那种由扩大再生核燃料反应堆引起的"有关核扩散危险程度的无益争辩"。科学家应当反对那种鼓吹"无风险社会"的愚蠢论点，倘若他们不这样做，"我们的国家就会毁于普遍地缺乏活力"。汉德勒的评论中最有力的部分是："在10年前将公众的注意力引向潜在的公害或许是合乎需要的……但是那也会使我们开始沿着错误的方向前进……而这样做所付出的代价却是我们本可以"在更重要的科学探索中"更有效地加以利用的资源和才智"。

在此，我想呼吁，我们要消除这些思想上的混乱，并寻求各种

① 杰勒德·皮尔："论有益知识的宣传与推广"，原载《美国哲学学会会议录》，1979年12月28日，第337—340页。

② "美国科学的未来"，在伊利诺斯工学院的演讲，芝加哥，1980年1月29日。

途径与选民进行协商，以争取到在各种责任、义务规定最少的条件下能直接分配给科学家的财政资助。我们的大学的自主权目前正在遭到损害。从事学术研究的科学家们过于仰赖政府的恩惠。一个严酷的事实是，我们正在一点一点地向苏联的模式靠拢。除非这种趋势能够得以扭转，否则总有一天每年到阿尔弗雷德·诺贝尔的“麦加”去朝圣的美国科学家数量会变得更少。

第二节　经济学研究的扭曲

尽管科学常常遭到各种反科学运动的滋扰，但还是确立起比经济学更为牢固的合法性及实用性。政府总是要谨慎小心地提防着那些并不对其心存感激的经济学家。丘吉尔(Churchill)在引用阿瑟·庇古(Arthur Pigou)的理论观点以支持自己的政策时，称他为“伟大的经济学家”；而当庇古发表不同意见时，丘吉尔称其为不谙世事的学究。全国科学院的报告提交国会委员会讨论时，有该院科学家为之辩护；而经济学家的著作却未得到同等的捍卫。更重要的问题在于，与自然科学的研究工作相比较，经济学的学术研究还处于摇篮期，并且有关研究基金的筹集与分配制度对经济学研究的扭曲比对自然科学研究的扭曲要严重得多。①

经济学家的队伍由于长期以来对其服务需求的迅速增长而发

① 我是在一篇于1979年12月6日为纪念芝加哥大学社会科学研究大厦建成50周年而发表的文章中，开始研究这一问题的，该文得益于盖尔·约翰逊和威廉·克鲁斯卡的评论。我在进一步阐述这一观点时，还要感谢的是兹维·格利里切斯和保罗·舒尔茨的批评性意见。

展壮大起来，这主要是由一种新型研究机构的活动所造成的。这些研究机构在争取科研基金的竞争中占据着优势地位，而大学的研究工作在这种竞争中的相对优势目前正在逐渐减少。当各种基金都捐给了这类新型研究机构的经济学科研项目时，联邦研究基金对大学所提供的财政支持就格外地重要。事物的迅速发展常常会造成扭曲。研究基金的资助者并不会因其对经济学研究的中立态度而获得什么声望。对由政府机构拨款的大多数研究项目来说，"按预定目标进行的研究"和"着重于某项任务的研究"等目的，已成为必须考虑的首要条件；由其他一些基金拨款的研究项目，情况也是如此；而私人赞助者们也不是一些只管提供资金而一无所图的人。

我并不是想暗示，在二三十年以前，所有的经济学研究都是由各个大学来完成的。各大企业、银行、贸易协会长期以来一直都雇用经济学家为其从事被认为对这些机构有益的研究工作。尤其是自新政时期以来，一些有组织的劳工和全国性的农业组织也聘用经济学家开展研究工作。在联邦政府各部，如农业部、商业部、劳工部以及财政部，也都设有由具备足够能力的经济学家主持的常设办公局、署。这类机构一直在从事，并且还继续在从事有关各种经济组成成分的计量和提供经济统计数据资料的工作。在较早建立的非营利性经济研究机构中，有两个机构值得提及。一个是全国经济研究所(National Bureau of Economic Research)，该所从建立之初起，便在杰出的经济学家韦斯利·米歇尔(Wesley Mitchell)的领导下从事着有效而又切合实际的研究工作。该研究所在工作当中尽力寻求大学中的经济学家的帮助，并征求他们的批评建议。它所从事的经济学计量和提供有关数据资料的工作,需要有大量的设施和人员,这一点,是任何大学都负担不起的。西蒙·库兹涅茨及其同事为该所所做的卓越研究工作,发展了国民收入核算中所必需的有关概念和计量方法。然而,该所近年来的研究工作却不太注意提高经济统计数据的质量,只是继续进行资料数据的收集,而更多关注的,却是当前的各种政策问题。而且,它还变得严重地依赖于政府基金的资助。另外一个有着悠久历史的重要经济学研究机构是布鲁金斯学会(Brookings Institution)。该学会自成立以来,已获得各种基金会和政府基金的大量资助。其早期在亨利·莫尔顿(Henry Moulton)领导下,以及从那之后的各个时期,布鲁金斯学会的大量经济学研究工作一直是与各种特定的现行政策目标紧密相连的。其他一些知名度稍差的非营利性经济学研究机构,还有全国计划协会(National Planning Association)和经济发展委员会(Committee for Economic Development)。前者自新政时期以来一直十分着重于对有关政策的研究,并且这种情况还将继续下去。后者是于第二次世界大战结束之后,为反对一些商业组织的垄断性主张而建立起来的,其重大贡献在于使当时的一些政策性问题得以澄清。

12 个建立已久的联邦储备银行,均设有由一名副总裁主持的研究部门。在联邦储备系统的华盛顿总部里,雇用了很多经济学专业的工作人员。然而,该系统的大部分研究项目却都只限于为其内部服务的目的,很少在专业杂志上公开发表。只有哈迪(C. O. Hardy)在位的那几年间,堪萨斯市银行的情况是一个例外,如同离现在更近一些的圣·路易斯银行一样。

在过去的25年当中，从事经济学研究的机构增长得特别迅速。正如人们已经注意到的，这些机构的出现，是对为特定经济政策所提供的研究基金大量增加的一种反应。研究基金的分配所发生的巨大变化有利于那些专门从事这类研究，而且不因与大学的联系过于密切而妨害其研究工作的机构。一些位于大学校园内而不受其经济系学术任务牵制的研究所受到青睐。在研究基金的分配方面所发生的这种变化，在很大程度上，是由于人们认为大多数大学的经济学系都太刻板了，因为他们不愿从事各种跨学科的和协作式的研究项目，还因为他们过分地拘囿于传统的哲学博士式的、理论性的，以及玄妙难懂的经验主义的研究事务。而且，大部分大学都被看成是要么不能要么不愿具体地策划和从事那种现实所需的政策性研究工作的机构。

我们有很多非营利性的研究机构，其中仅从事经济学研究的就已超过了300所[①]。在他们当中，包括专门从事经济发展、计量经济模型、国际贸易、税收、企业管理、教育、城市开发、能源、人力、消费问题、环境改革、法律问题、医疗保健、人口，以及贫困等各方面问题的研究机构。用于这些研究的基金数额也很大，例如，联邦政府每年要拨出大约9000万美元用于支持有关贫困问题的研究[②]。由于该行业的发展大都在大学的势力范围之外，说明了大

---

① 阿奇·帕尔默主编的《研究中心名录》，底特律：盖尔研究公司，1979年，第6版。该书收录了304所美国和加拿大的非营利性研究机构，其中相当一部分与大学具有某种联系。

② 全国科研委员会、全国科学院：《对联邦政府有关贫困问题研究之资助的评价》霍尔，1979年；马萨诸塞州，坎布里奇：申克曼，1979年重印。

学的经济学研究已不能满足这种专门化研究的需要了。

某些经济研究项目的私人赞助者、各种基金会，以及实际上所有的政府机构，显然都已经认定，我们的大学缺乏他们所需要的那种从事研究工作的能力和愿望。一些基金会已经采纳的一种办法是，将其所需的大部分研究项目作为自己内部的活动来承办并施行管理。这是一种建立新的政策研究领域的途径，据此可便于确定将要考虑的拨款计划的类型。卡内基基金会拨款数百万美元建立的卡内基高等教育委员会，就是这种办法的一个变种。福特基金会的第一份由其内部人员完成的有关能源问题的研究报告《选择的时代》(1974 年)，符合了一种民粹主义的对付能源危机的方式，是一个有害的为经济政策辩护的例子。该基金会的第三份由其内部人员完成的能源问题研究报告《能源：未来的二十年》，是在汉斯·兰斯伯格(Hans H. Lansberg)指导下进行的，具有良好的经济学意义。

目前有几个此类新型研究机构正在进行的是一流的研究工作，并且拿出的是高质量的研究成果。其中值得注意的例子，是在过去的 25 年里一个名为“未来的资源”的研究所取得的成绩。它是一个规模较小的倾全力从事于有关自然资源问题研究的机构。虽然有关自然资源的问题是一个政治上高度敏感的领域，但是该研究所的工作却一直未依靠政府的项目基金，而且还成功地抵制了有人试图迫使其与另一个规模大得多且具备正统政策研究资格的机构合并的压力。

在 20 世纪 50 年代和 60 年代期间，海军分析局和空军的“兰德计划”资助了数理经济学和理论经济学方面的重大研究工作。

在70年代，有关人力资本的博士及博士后研究获得了全国精神健康研究所的更大的资助，这些得到该所的合法委托及授权的研究项目，直到由于有人认为其缺乏足够的实用价值，才被突然终止了资助。由美国农业部（USDA）出资支持的在芝加哥大学和哈佛大学进行的早期农业经济学的研究，也被突然终止了拨款。这件事是由议会拨款委员会主席一时的怪念头造成的。在我们的议会中，大多数议员都倾向于反对各政府机构将研究基金分配给很可能会对一些特定的公共计划提出批评意见的经济学家。

毫无疑问，大量接受联邦基金资助的由不附属于某一大学的研究机构所完成的研究项目，必定会为其资助机构的目的服务。然而，一些新型研究机构所取得的成果，却并没有解决学院派的经济思想和研究工作是否有助于确定各种经济政策的价值及局限性这一问题。那些负责管理在议会施加的限制之下分配研究基金的政府机构的专业人员，且不管其必须具备的能力如何，其所拥有的权力是有限的，因而无法自行决定能够最有利于学院派经济学家发挥作用的对大学的资助方式。国家科学基金会可以看成是一个例外，但是，它所给予用于当前经济分析水平的批判性研究项目的资助款，也实在是太少了。尽管在政治上并不赞同经济学所持的观点，该基金会仍然为纳尔逊（Nelson）和温特（Winter）对商业企业利润最大化行为分析的批判性研究；福格尔（Fogel）对社会制度及组织机构的抨击；以及卢卡斯（Lucas）对当前宏观正统理论的批评提供了资助。我们所应当关注的这种扭曲，还使那些欲从各个基金会、政府机构，以及各类新型研究机构获得研究经费的大学，在转包他们的研究项目时必须适应这些机构的需要。在1973年，

用于资助社会科学研究的联邦政府基础研究预算经费，大约有60%被分配到各个大学；而到1978年，该比率却下降到47%。这种对在高校从事学术研究的经济学家所产生的不利的累积效应，是十分显著的。[①]

经济学家所做的事情与社会的统治制度想要他们做的并不一致，这两者之间的紧张关系早在几个世纪之前就已经存在了。它们之间过去在一些基本经济问题上的分歧，和我们所详细讨论的与近年来的发展相关的紧张关系一样，都是普遍存在的。从历史上看，经济学家着重批判的对象，有教会的、国家的，以及财产占有者阶级（地主阶级）的经济信条，还有重商主义的学说。随着社会历史的发展，其批判的性质也在不断地变化。例如，雅各布·瓦伊纳(Jacob Viner)的学术著作，就是以批判早期基督教创始者的、经院派学者的、天主教社会思想中具有世俗化倾向者的，以及与资本主义上升时期相关联的新教教派的经济学信条为主[②]。一些有关高利贷的、货币资本无用论的，以及公平价格的教会的经济学信条，是那个时代的主流学术著作所考察和批判的对象。瓦伊纳还写过一篇批判社会秩序中天命思想的文章[③]。尽管随着时间的推移，宗教与经济学思想之间的紧张关系已有所缓和，但是，在有关

① 理查德·阿特金森："联邦政府在社会科学方面提供的资助"，原载《科学》(1980年2月22日)：第829页。这是一篇有关作者在1979年12月16日芝加哥大学社会科学研究大厦建立50周年纪念大会上所作演讲的编者按语。

② 雅各布·瓦伊纳：《宗教思想和经济社会》，一部未完成的著作的前四章，由雅克·梅利茨和唐纳德·温奇主编（北卡罗来纳州，德拉姆：杜克大学出版社，1978年）。

③ 雅各布·瓦伊纳：《社会秩序中天命的作用：一篇论述智识活动历史的文章》，费城：美国哲学学会，1972年；平装版：新泽西州，普林斯顿：普林斯顿大学出版社，1976年。

教会和国家之间关系的学说中，那些固有的、在特定的社会及经济方面的分歧，却一直存在着。

在一些高收入国家，来自地租的收入相对于劳动所得和其他收入来源而言，下降得十分显著，这大大地削弱了地主阶级的社会及政治影响，其结果是使他们和经济学思想之间的紧张关系有所缓和。但是，与此同时，商业企业、有组织的劳工、有组织的农业集团，以及各种环境保护团体对自身经济权利的一些要求，却使这些社会群体与经济学之间的关系变得紧张起来。

我们所处的时代，是一个大学与政府之间的紧张关系变得日益严重的时代。由此造成的种种难题并不只限于私立大学，也并非美国所特有，而是在世界范围内普遍存在的现象，尽管这些难题的具体表现方式在150多个国家之间有着很大的差异。在大多数国家，大学在运用智识进行思考方面的独立性都受到了严格的限制，尤其是在有关社会的和经济的思考及研究方面，限制更多。这些单一民族的独立国家需要与大学之间形成一种脆弱的关系，并使这种关系对大学来说具有很大的不确定性。即使是在美国，大学对政府赞助的依赖性越大，它在社会科学方面进行探索的自由就越少。

在世界上的大多数地方，从事学术研究的经济学家都肯定得受惠于政府。目前有很多低收入国家选择了对经济实行部分控制，同时引入外来补贴的政策，以拉平其本国与富国之间在人均收入方面的差距。这些国家的政府相信，如若需要，就可以让那些从事学术研究的经济学家使这些目标合理化。即使是在西欧和北美，近几十年来政府和经济学家之间在有关经济政策方面的紧张关系也在不断加剧。

我想继续重申的是，在大学里，经济学的研究要比自然科学方面的研究更容易遭受来自校园之外的侵扰。不过，生物学的研究近来由于受制于政府的规章制度而变得更加脆弱；但是，即使是在服从政府的规章制度方面，经济学也显然面临着遭到更大破坏的命运。而且，最近兴起的反科学运动使科学与公众对科学的理解之间的关系发生了变化，并且在这一变化过程中，这些反科学的运动已在一定程度上使得用于科学研究的政府基金的分配政治化了。爱德华·希尔斯(Edward Shils)在其所撰写的“科学的信念、效用及其合法性”一文中，详细地论述了这一问题。要是有人照此写一篇文章来阐述一下经济学的效用就好了。

第三节　对学院派经济学的批判

尽管各个大学都面临着通货膨胀和银根紧缩的问题，但是那些从事学术研究的经济学家的境况还不是太坏，这主要是因为大学以外的市场也需要他们的服务。通过这种市场的检验，会很容易地得出经济学家的工作是极富成效的结论。然而，实际上，无论是大学还是社会，却都未从学院派经济学家所做的工作中获得十分明显的效用。虽然经济学家很乐于去确定在任何其他活动中人们从稀缺资源的使用上所获得的价值，但是当事情关乎于计算其自己的工作效用时，他们就畏缩不前了。大多数学院派经济学家都对其从事学术研究的自由，维护自己在大学的职务所受到的保护，以及能从大学以外的各类机构获得研究基金的优越条件，感到自鸣得意。这种对于其研究的实用性免受外界侵扰的自满情绪，可从其在对私人赞助者、各基金会，以及政府机构分配研究基金的方式公开进行挑战的失败当中获得例证。然而，有能力进行这种挑战的人，必须具备有关经济理论的效用和适合于大学职能的科学研究方面的坚实知识。与此同时，还必须要有勇气，因为这样做需要冒与赞助人的关系变得疏远，并使其进一步减少给大学的研究资助的风险。这种风险是通过利用调和的艺术，如从容优雅地提出一些看起来适合赞助者需求的研究经费拨款建议，而巧妙地避开的。

应用研究与基础研究概念的差别，对于确定学院派经济学的作用并没有很大的意义。一般来说，目前的一些“有预定目标的”和“着重于使命的研究”等时髦概念，只是避开外界侵扰的遁词。为了获得足以区别于其他项目的高度评价，从而使拨款机构的有关管理官员能够放手决定是否批准某一经济学研究项目的建议，一种便利的方法是，由拨款机构挑选一些经济学家对该建议从专业的角度进行审查。一些由政府机构拨款的研究项目显然都采取了这种方法。

学院派经济学所擅长的，是对私人经济行为和公共经济政策进行全面的分析和批判。这里所说的“全面性”，并不只是局限于学院派经济学对经济学逻辑的内在一致性、各种定量分析手段，以及实证性分析方法的改进，虽然它在这些方面的努力也是非常重要的。学院派经济学家不可能使自己脱离开社会和对人类及其历史的深刻洞察。哈耶克(Hayek)可以风度优雅地说:“没有一个仅仅懂经济学的人能成为伟大的经济学家。”他还可以进一步指出:“一个只是经济学家的经济学家,即使不是一个切实危险的人物,也可能变成一个令人讨厌的家伙”[①]。然而,经济学研究的“专业化的两难处境”却仍然未能得到解决。

经济学家对社会制度的学术性批判正在衰落,例如,像雅各布·瓦伊纳、弗兰克·奈特、奥斯卡·兰格(Oscar Lange),以及哈里·约翰逊(Harry Johnson),还有索尔斯坦·维布伦(Thorstein Veblen)等人那样深刻的批判。这些学者的研究论文和所出版的著作不是按照政府机构、各种基金会,或者私人赞助者的意图来完成的。依当前大学里的经济学家之能力及其研究兴趣,未必能够从校外的财政来源获得研究基金;而令人感到忧虑的事情还在于,对人才的寻求已成为对一系列不同的经济学专业资格的寻求,其结果是无法有效地激励未来一代经济学家去努力获取对各种经济学信条和社会制度进行学术性批判的能力。至少应当有一小部分经济学家的主要职责之一是,在其所任职的大学的保护下从事研究工作时,运用其才能专心致力于对社会及经济问题的全面批判。

这种全面批判的缺乏是相当明显的。在为数众多的联合国各机构所拿出的经济学研究成果中,具备足够水平的批评性论文实在是太少了,尽管它们当中的大部分文章都是在贬低经济学。正如瓦伊纳所指出的,早期的教会经济学说有当时很多重要学术成

① 哈耶克,“专业化的两难处境”,原载《社会科学动态》,芝加哥:芝加哥大学出版社,1956 年。

就的支持，而目前在联合国范围内盛行的经济学说，却没有负起类似的重担。哈里·约翰逊所以获得了持久的声望，是因为他不仅对这些问题，而且还对其他一些社会制度问题提出了质疑[①]。彼得·鲍尔(Peter Bauer)对经济发展学说提出的异议，是另外一个与众不同的例子[②]。一些基金会支持软经济学(soft economics，指以分析推测为主，证据不足的研究——译者注)研究的明显倾向，这在很大程度上是由一种需要适应势力强盛的国际组织，以及美国国内现行政治需求的政策，即“自己活，也让别人活”所造成的结果。其并未遭到经济学家们的非难。

在对选择与稀缺问题进行分析时，经济学家们倾向于紧紧抓住个人及家庭的偏好，其中包括由家务活动带来的偏好。然而，一些社会制度却扭曲了这些偏好。有一种充满理智的和得到普遍赞成的信念认为，市场的失败是一个经济体制的主要缺陷。每个利益集团对于这种失败都有其自己的行事议程。为了克服这种市场的失败，越来越多的有组织的集团要依靠政府所创立的各种公共计划和制度来寻求保护和获得补偿。商业企业集团在利用这种手段为其特定利益服务方面具有悠久的历史；劳工组织和各类商品贸易团体近几十年来也一直在这样做。目前，这一多元化的进程又和有关医疗保健、老龄化、贫困问题、收入转移、能源、环境策略，以及其他诸方面问题的政治见解搅和在一起。一般来说，由此导致的政治经济制度的更改，并不能纠正实际上的市场的失败，反而

① 哈里·约翰逊：《论经济学与社会》，芝加哥：芝加哥大学出版社，1975年。

② 鲍尔：《对发展的不同看法》，马萨诸塞州，坎布里奇：哈佛大学出版社，1972年。原载《发展经济学研讨论文集》。

会导致以其他形式出现的经济衰退。各大学经济系的一些专业性研究，有一部分是出于预谋，但大部分都是无意中支持了这种在政府干预下的经济上特定利益的相互分裂。这肯定不是学院派经济学家应起的作用。

大多数大学的经济学研究之所以没有达到最佳水平，还有另外几个原因。总的来看，各大学对博士论文的研究工作大都未能很好地加以组织。研究生缺少在旨在为他们和全体教师提供有益的批评意见而定期组织安排的会议上报告其研究之进展情况的机会。负责指导博士论文研究的教师往往同时在校外担任私人企业和政府机构的顾问，这使其未能将全部智识都用于适合大学职能的研究工作[①]。虽然各大学的行政管理部门及各院系都声称科研工作是其主要的和必不可少的职能之一，但是官僚主义的大学财政组织机构却几乎没有给经济学研究提供任何直接的资助。尽管经济学研究并不需要实验室和昂贵的物质设施，但是财政方面的问题对它来说却比自然科学的研究更为严重。一个依据自己的观察和经验从事研究工作的经济学家所需要的全部条件，只不过是一位研究助手，或许是一位编程员，可方便地使用合适的计算机，

① 我对有关这一问题的几个方面感到有点不安，但是，据卡尔·巴顿和詹姆斯·马维尔的报告所提供的证据表明，从1969年到1975年，高校学者提供咨询的活动并没有任何增长。该报告还表明，就研究机构的类型和教师的级别相对照而言，领取报酬的咨询顾问们所开展的学术研究工作、对研究生的指导，以及所出版的学术著作要更多；而且在这些人当中，担任系主任的比未在校外兼职的教师也更多。请参见巴顿和马维尔的“美国高校学者的有偿咨询活动”，原载《教育记录》第60期(1979年春季)：第175—184页；以及这两位学者更早些时候的论文：“咨询活动的相互关系：现实世界中的美国高校学者”，原载《高等教育》第5期(1976年8月)：第319—335页。

以及获取资料数据所需的资金。

美国非营利性基金会的有关章程，并未要求他们以资助短期的政治经济政策研究项目为主。这些基金会有时也会为综合性的长期政策研究提供资助。例如，洛克菲勒基金会从20世纪40年代初以来，就一直不间断地为芝加哥大学农业经济研究工作室提供着慷慨的资助。在此之前，该基金会还曾主动为埃姆斯(Ames)经济学家小组提供过一大笔款项，而没有对该小组所要研究的政策问题的范围加以任何限制。在最近6年里，我在按自己所选定的题目从事研究和写作时，得到了福特基金会的赞助，对此，我实在是不胜感激。除我以外，当然还有其他一些从各类基金会获得这种资助的例子。然而，研究基金还是趋向于主要给那些专门从事当前的短期经济政策问题研究的一大批新型研究机构提供资助。

但是，政府机构在为综合经济政策研究项目提供资助时，就绝对没有各类基金会所具有的那种自由了。这些机构要受议会有关确定研究目标的限制，并据以对联邦基金进行分配。与其他一些政府机构相比，国家科学基金会具有更多的自主权；然而，它的工作也要受到议会所施加的、对实用性研究进行短期检验的干扰与妨碍。议会蛮横地使那些为传播公开宣称的政策而建立起来的许多政府行政管理机构的政策研究政治化了。这种研究上的政治化对经济学研究来说是一种不幸。由于大量研究基金的分配均需得到议会的批准，因此每个政府机构在分配这些基金时，实际上都被限制于只能拨给支持其政策法令的研究项目。对这些机构自身的活动，或者经济政策分裂状况的不良影响所进行的有力的经济学批判，是不在它们的资助范围之内的。

联邦研究基金也并非总是以这种不合情理的方式进行分配。珀内尔法案（The Purnell Act）就是一个由联邦基金资助那些具有连续性和稳定性，并且足以获得长期职位的大学科研工作的明显例子。在 50 年前，按照珀内尔法案，可为每一所接受政府赠予地兴办的大学每年拨款 6 万美元（按 1979 年价格计算为 25 万美元）用于农业社会科学的研究[①]。农业经济学研究是这些联邦基金的主要接受者。这些基金为从事农业经济研究的大学教师和博士生提供了连续的和关键性的资助。尽管这种研究并不总是能避免来自于各州政府的政治干扰，但是它却不对联邦政府承担义务。

我的论据的要点在于，学院派经济学家的主要职能之一，是向社会制度提出质疑。经济学家对于他们进行研究的自由过于自鸣得意了。他们在维护自己作为教育者的职责方面缺乏足够的警惕。他们应当把对社会制度经济学的批判置于很高的优先地位。经济学研究的扭曲并不会因为对研究基金赞助者的迁就而逐渐消失。

① 西奥多·舒尔茨与其助手劳伦斯·威特：《农业社会科学研究人员的培训与招募》，华盛顿特区：美国教育委员会，1941 年。

第七章　国际援助机构造成的扭曲*

自从第二次世界大战结束以来，一种新的机构在不断产生，我把它称为国际援助机构(International Donor Community)。从广义上讲，这种机构成立的目的是进行对外援助。和其他一些政治、经济机构一样，它也要对很多国家人民的私人活动及其政府的政策导向产生影响。那么，它在经济上有什么作用？它能否或多或少地有利于政府对生产和消费、国内外贸易，以及个人收入分配进行干预？它是否具有那种古典的自由放任主义或重商主义的特点？对于这些悬而未决的问题，我不准备在此进行直接的探讨，因为这样做必须要对一些能够证实的观点和内在的哲学及规范问题进行思考，而这些问题却不属于本文讨论的范围①。在这一章里，我将集中阐述的是，我在过去这些年里做过一点儿研究的、有关对外援助及国际贸易的各个方面的问题。

---

* 我对此问题的最初看法，是在与加利福尼亚大学伯克利分校经济系的教师一起探讨时提出来的。随后，我又在应美国农业经济学会年会(1980 年 7 月 29 日，伊利诺伊州，厄巴纳 - 尚佩恩)之邀所写的一篇论文中，对其加以进一步的分析。本章就是根据上述研究成果写成的。仅在此对约翰·莱蒂奇的有益建议表示感谢。

① 这些问题在我的演讲稿:“人的时间之经济价值的发展”的开头部分进行了简要的探讨。该演讲稿原载于《农业经济学演讲集》，即美国农业部经济研究局赞助出版的 200 周年纪念演讲集，华盛顿哥伦比亚特区:美国农业部，1977 年。

一些影响经济活动的政策的实际意图，自第二次世界大战以来，已因其前后的矛盾而变得模糊。日本和德国之所以能在经济上奇迹般地得以复苏，在很大程度上要归因于其所获得的贸易机会。很多低收入国家和地区也从更加自由的国际贸易，以及各主要工业化国家在经济上的全面稳定增长当中，得到了好处。中国台湾、中国香港和新加坡的发展便是几个突出的例子。然而，在世界范围内，当前存在着的一种普遍趋势，是对经济活动从政治的角度加以干预。尽管早期的古典经济学说曾经成功地取代了当时业已确立的重商主义教条，但是，现在却有一种内容更加全面、广泛的教条，支持政府对各种各样的经济活动进行干预。我将尽力证明的是，很多国际援助机构都具有反市场的和不惜牺牲经济生产率来支持政府干预的倾向。这些援助机构所擅长的是社会改革，而对于关系到生产率的问题，它们就起不了什么作用了。

在此，我要再次谈到贫困经济学，以及我们在理解决定低收入国家人民的经济选择的偏好和资源限制时所感觉到的困难。这些困难普遍存在于国际援助工作当中。在本文中，我打算对这些援助机构给予低收入国家农民的国际援助的经济效果进行一些探讨。对此，我在从经济学角度进行批判时，将限定于农业科学研究、农业开发的资本、商品的倾销、仅限于商品和劳务的国际援助、外国专家的安排，以及由援助机构引起的公平与生产率之间的紧张关系等等问题。我要抨击的是这类援助对市场功能的忽视和对农业刺激因素的扭曲。

长期以来，美国一直在开展各种形式的国际援助活动，但是，她的援助经济学却充满了各种各样令人困惑的问题。为什么马歇尔计划推行的时间仅有几年，但是它所提供的经济援助却获得了成功？而自第二次世界大战结束以来为许多低收入国家提供的大量经济援助所取得的成就，却比马歇尔计划获得的成功要小得多呢？为什么“第四点拉美援助计划”*（Point Four Program）对该地区农业劳动生产率的提高几乎没起任何作用呢？为什么除了农业科学研究以外，一些私人基金会和为数众多的国际援助机构在改善低收入国家的经济环境及农民的教育状况方面，所取得的成绩十分有限呢？

国际援助机构的组织庞大而又复杂。我在此所能做的，只是考察一下它所做的事情及其对农民的影响。我们首先应当注意到的是，这类援助机构的大多数成员在维护其共同利益的过程中已逐渐发展了“自己活，也让别人活”的政策。与受援国相比，这种政策更依赖于出资维持其生存并为其不断增加财政拨款的高收入国家和石油输出国的支持。有很多对外援助机构参与了一系列的国际援助活动；其中在不同地区和国家出资设立办事处的组织为数众多。这些组织招募研究经济发展及社会福利问题的专家，并为其提供资金，捐赠实物物资（主要是食品及农产品），提供紧急救援，资助农业科研及附属产业的研究工作，对大量用于农业开发的资金进行调控，并设法控制主要为稳定低收入国家供给的粮食库存。国际援助组织也出资赞助世界银行和各类地区性银行的工作。它们还发布为其各种特定目的而指定的信息。下面我要谈到

* 又称“技术援助落后地区计划”，因在美国杜鲁门总统 1949 年就职演说中列为第四点而得名。——译者注

的就是所有这些不同类型的国际援助活动。

对外援助问题在经济学中仍然是一个模糊的概念。在经济理论与现实的对外援助之间的对话,并不是经济学中有说服力的部分。我在此所提出的观点是一种探索,因为目前还没有普遍公认的有关对外援助的经济学基本原理,可供我据以精确地确定其经济效果。一般来说,基于政治的需要而进行的对外援助研究,对于经济学分析是毫无用处的。

参与对外援助的资源范围庞大,数量众多,不仅足以对提供这些资源的国家产生经济影响,而且还会对接受及利用这些资源的国家产生经济影响。我所要考察的,并不是这类资源问题给捐赠国造成的侵害,而是他们分配对外援助物资的组织程序,及其在经济上成功或失败的原因。

当我在美国驻欧洲占领军中工作时,曾很幸运地对马歇尔计划取得成功的原因进行过一些先期的探讨。战争摧毁了大量的物质资本,而对人力资本的损害却要小得多。经济的复苏首先有赖于工厂与房屋的重建,以及获得各种设备与库存物资。马歇尔计划为此提供了大量资本。由于强大的市场需求和国际贸易的发展,西欧及日本的经济得以迅速复苏。人力资本及国际和国内市场在经济上的重要性,为我们阐明了这种迅速复苏的原因。然而,正如我在前面已经指出过的,这一从马歇尔计划的实施过程中所得出的明显的经验教训,却在为低收入国家提供援助时一直没有得到应有的重视。迄今为止,各对外援助机构分配给这些国家用于提高其人力资本存量和增强其市场作用的物资和资金,实在是太少了。

“第四点计划”在农业援助方面的失败所造成的困惑也是发人深省的。在20世纪50年代初期，福特基金会曾经大量拨款资助国家计划委员会（National Planning Association）对“第四点计划”在整个拉丁美洲的技术援助工作所进行的评估性研究。我当时接受了该研究项目负责人的职务，并得以在一些能力很强的同事的协助下开展这项工作。通过对“第四点计划”在农业援助方面遭到失败的原因的深入调查，我们发现，该计划的设计所依据的假设是，现有的一些新型农业科研成果需要在这些国家加以推广。援助人员与东道国政府相互协作开展了一系列推广新型农业科研成果的活动。然而，这些活动很快就销声匿迹了，因为几乎没有什么有价值的技术信息可供其分配给广大农民。

长期以来，我一直在关注着几个主要的基金会在资助农业生产发展时所采用的方法的差异，其结果是一个正反两种效果并存的记录。福特基金会早年在印度的农业发展计划中有关推广农业科研成果的活动，只是一个不成熟的承诺；而凯洛格基金会则不幸受其有关章程约定的限制，也未能很好地开展这类活动。与此相对照的是，由洛克菲勒基金会与墨西哥政府合作开展的农业科研计划却是一项非常成功的革新。在原则上，各个国际农业研究中心与洛克菲勒基金会在墨西哥的工作一样，是一种较为重要的改革。第一批这类研究中心是由福特和洛克菲勒基金会出资建立的。后来，加拿大国际研究开发中心，一个在最初几年像人们所期望的那样以私人基金会方式运作的组织，也加入了资助的行列。目前这12个国际农业研究中心每年的总预算已超过1亿美元；其大部分资金来源于世界银行和各地区性银行，加拿大和西欧，还有日本的援助及捐赠，以及美国的国际开发署（AID）[①]。

除了在进行农业科学研究的情况下，低收入国家的农民实际上与各个国际援助机构并没有直接的联系；而且，即便是这种联系，也极为有限。就所有实际的目的而言，农民对这些援助机构正在做的，关乎其福利的事情并不能产生任何影响。对外援助主要是一种政府活动。各国政府要与也是公共组织的联合国各机构打交道。大多数有关这种援助对农民造成的经济影响的估量，都被各种各样的政治上的考虑给淹没了。考虑到各个低收入国家的差异——其中包括它们的政府之间的差异——以及各种不同的对外援助的既定类型，几乎不存在什么普遍适用的国际援助的方法。

支持农业生产性科研的对外援助取得了相当大的成功；但是，这种对外援助却忽略了家庭农业生产的研究，也没有为确定低收入国家农民和非农民营养状况的有意义的研究工作提供资助。

适应低收入国家需要的农业科学研究的发展，是一个较大的成就。这种发展主要是在第二次世界大战之后。这是一种在国际范围内开展的工作。虽然，一般来说，国际援助机构在对低收入国家农业的经济影响方面，具有口碑不佳的纪录，但是，它对农业科学研究发展的贡献，却是一个值得注意的例外。这种贡献的主要组成部分，就是由其出资建立的各农业研究中心。然而，尽管这些国际农业研究中心确实做了很多有益的工作，却还是替代不了各

① 有关这些中心特有的组织问题的简要论述，请参见我的“科研经济学与农业生产率”，原载国际农业开发局不定期论文集，纽约，1979 年。

发展中国家自己正在进行当中的农业科研事业。

一些为农业科研提供的国际援助一直未能获得成功，正像我们已经指出过的，“第四点计划”就在这方面遭到了失败的命运。美国有关双边援助的记录成败混杂，其中大部分都是由于对农业科研的资助缺乏连续性而搞糟的，主要的责任应归咎于国会。国会所施加的压力，使对外援助机构成为一个在提供资金帮助低收入国家建立农业科研实验基地及实验室时，很不称职的组织。美国国际开发署就没有雇佣专业人员来从事这一工作，它也没有得到适当的授权和指令以为长期农业科研项目提供资助。我是不会建议任何低收入国家去依靠这种外援来发展其农业科研能力的。

开展有效的农业科学研究主要是为了改进农作物及牲畜的生物学性能。这些研究工作在遗传学和家畜饲养方面所取得的成功毋庸置疑；然而，它却没有对低收入国家农民所面临的经济压力给予任何关注。虽然目前已有一些国际农业研究中心开始对农民采用新作物品种后的反应的经济学意义进行考察，但是，迄今为止，任职于这些中心的经济学家们的工作，却仍未获得应有的重视。

各个低收入国家的农民利用农业科研成果的机会具有非常大的差异，这主要是因为他们所面临的刺激因素的扭曲。没有任何援助机构，也几乎很少有东道国政府及农业科研组织看来似乎意识到了这种扭曲给农业现代化所造成的不利影响。或者，即使他们意识到了这一点，其所作所为也表现出好像与此毫不相关。

与农业科研工作的进展相比，由援助基金资助的旨在提高农民家庭生产潜力的有组织的研究工作，遭到了更加令人痛心的忽视。虽然目前各有关方面已经开始逐渐关注增进低收入国家妇女的机遇问题(这种关注其实早就应该有了),但实际上却并未切实地注意到主要由妇女承担的农村家庭生产活动。在这方面需要做的,只是一些简单的改进。例如,在塞内加尔的农村,高粱是一种主要的粮食作物,其坚硬的外壳很难除掉。最近我曾看到那里的妇女在用一根沉重的木棒敲破这种高粱米壳,这在热带的阳光下是一种很艰苦的劳动。我所造访的三个村庄的妇女问的都是同样一个问题:"为什么我们不能用一个简单的手动碾磨机来做这种活呢?"她们所需要的,是那种有可能使家庭生产劳动现代化的科学研究和商业企业。①

有关营养方面的研究也遭到了忽视。据我所知,任何国际援助机构都未曾与东道国政府合作建立过能够自主发展,并且有能力开展实际工作的营养研究中心。这些援助机构不去支持这类研究,而是专门去做提供有关营养不良的悲惨后果的报告这类工作。这些报告在很大程度上是为其自身的利益服务的。倘若我们就此推断,这些研究机构十分清楚地知道,对营养不良儿童状况的生动描述,再加上有关营养不良的广泛程度的陈述(这类陈述一般说来均不可信),其实很有利于为自己争得更多的援助基金,恐怕也不能说是在嘲讽他们。大多数对营养不良人口所占比重的估算,都基于一种固定的卡路里标准。谢(C. H. Shah)②以充分的证据表明,在确定每1卡路里食物的消耗方面,人们的口味与偏好起着重要的作用。鉴于谢的研究成果,我们对于那种基于固定的卡路里

① 目前加拿大国际开发研究中心已对该地区的一些研究工作及企业予以了资助。

② 谢:"食物偏好与营养:对不发达国家贫困问题的看法",原载《印度农业经济期刊》第35卷(1980年1—3月):第1—39页。

标准的有关营养不良状况的估算结果，必须要十分小心谨慎地加以解释。几乎毕生都在从事营养学研究的苏克哈特姆(P. V. Sukhatme)发现，不同个体之间对能量(卡路里)需求的差异极大，而且，即使是同一个体，每日所需的能量也并不相同，从而使其在某一时期内所需要的能量有所差异。[①]

农业的现代化需要很多新型资本，对外援助机构的作用是提供这些资本；但是，即使在最好的情况下，它也很难在与各受援国政府的周旋中有效地配置这些资源。这一点可在所获得的结果中得到验证。由援助机构所提供的这类资本在农业生产中起了多大作用？由此而增加的净产出是多少？为什么没有一家援助机构出示其分配给受援国的这类资本所获得的私人及社会收益率的估算结果？倘使它要为自己所资助的项目谋得更多的援助基金，确实应当这样做。在这些援助机构中并不缺少能够胜任这些估算工作的经济学家。由于我本人实在没有机会进行这些估算，因此显然无法证实这些投资的经济价值。

我想暂且不谈对外援助基金给予科研的资助，而首先来评价一下旨在促进农业发展的援助基金在物质资本与人力资本之间的配置情况。照我看来，如若将目前用于增加农业生产中物质资本存量的援助基金的一半用于提高农村居民的各种能力的话，那么，与现行这种资本配置方式的前景相比，上述方式将在今后二三十

① 苏克哈特姆："营养不良与贫困"，印度农业研究所，宁思·拉尔·巴哈杜·沙斯特里纪念讲座，新德里，1977 年 1 月 29 日。有关苏克哈特姆和谢的研究成果的更详细阐释，请参见盖尔·约翰逊的"世界食物营养状况：70 年代的发展及 80 年代的展望"，《芝加哥大学农业经济学研究论文集》，第 80—10 号(1980 年 3 月)。

年内大大提高农业发展的速度。就那些由生产活动的现代化所带来的可观预期收益,以及人们从其人力资本所获得的个人满足而言,目前在人口质量方面的投资显然离人们所需得到的数量还差得很远。尽管现在已有很多负责管理对外援助的人员公开表示过这种观点,但是却几乎没人真的为此目的来提供资金。世界银行最近的报告——《教育与收入》(*Education and Income*),在这方面确实立了一功。

接下来我要仔细考虑的是低收入国家在农业生产方面众所周知的增长情况,并努力探询各国际援助机构所提供的资本到底起了多大作用。在此,我所考虑的是所有的物质资本形态,其中包括:土地改良、水利灌溉、化肥、农场设施、仓储设备、乡村道路,还有其他各种有关的资本类型。

谈到这一问题,我们需要仔细思考一下很少或者根本没有获得外援的国家或地区在农业生产方面所取得的显著成就。需要投入很多新型资本的印度小麦产量的大幅度增长,就是一个恰当的例子。其他一些例子包括:马来西亚棕榈果产量的增长;巴西以及目前阿根廷在大豆生产方面所取得的成绩;智利近年来新鲜水果、葡萄酒,以及花卉产量的增长;还有长期以来墨西哥在为美国冬季市场生产新鲜蔬菜和某些水果方面的成功。另外一个例子是肯尼亚在谷物杂交品种的采用、化肥的使用和在杂交谷物生长过程中对病虫害的抑制等方面所取得的成绩。该国的茶叶、咖啡和目前菠萝等农产品产量的增长,同样应属上述成功的例证之列。这些例证的意义在于,在通过农业科研促进了农业生产发展的地方,以及价格的刺激使农业生产值得进行的地方,即使不是全部,也会有大部分附加资本从不断发展的生产所赢得的利润中产生出来。这一意义对小农场与对较大的农场一样，都是确凿无疑的。

很多由国际援助机构提供资本资助的项目都未获得任何生产效益。几乎在所有的中非国家，大部分这类资本项目都遭到了失败。坦桑尼亚就是一个明显的例子。回顾一下 20 世纪 60 年代的情况就会发现，当时提供给尼日利亚用于提高棕榈果产量的外援资本就没有取得任何效益。在提供该项资助的援助机构做具体工作的经济学家曾正确地分析并指出过，在棕榈果产品的高额出口关税已定的情况下，这项资助不会取得显著的经济效益。然而，该项目却仍然获得批准，并得到了资助款项。

在政府软弱，政局持续不稳，并且严重缺乏训练有素的、有经验的和能够胜任的农业资本构成及资本项目管理人才的国家或地区，现在即使得到世界银行和其他外国援助机构的资助，也不可能获得成功。

当然也有很多国家能够胜任资本项目的管理工作。这些国家注重了解自己对资本的需求，并坚持按照这些需求来制定相应的资本项目。

总之，令我感到不安的是，一般来说，这些国际援助机构所资助的资本项目在很多低收入国家已获得的收益率都比正常标准的投资收益率要低。这样的评价，并没有否认农业生产能力提高的意思，而指的是投资的收益太低了。

资本的不当配置是一个普遍存在的问题。在很大程度上，这是很多低收入国家普遍存在的农产品及农业投入价格的扭曲所造成的后果。资本的配置还由于大批通常是错误的水利灌溉工程项目拨款而遭到扭曲。泛美开发银行在过去的一年里实现了其为农村地区的发展提供的贷款目标;但是,这一目标是通过在上年年底前批准三个大型水利灌溉工程项目拨款才得以实现的,而所有这些工程项目的净收益,即使不是负数的话,也很可能会非常低。这些外援资本基金的配置与使用,还因为各国际援助机构所普遍信奉的公平教条而遭到严重的损害。

以实物进行援助具有倾销的作用。这是捐赠国处理其视为负担的剩余物资的便利方法,而且还会使受援国政府更有实力继续推行歧视其本国农业的政策;不管它们是通过市场交易以低于市场的价格向农民征购粮食,还是通过其他一些扭曲农业生产刺激因素的维持廉价食品政策的手段,都同样会产生这种效果。在20世纪50年代和60年代大量的依照480号公法(P.L.480)所进行的援助给印度农民造成的不利影响就是一个恰当的例子。我们当时把这种提供食品援助的做法说成是"和平粮食"计划。最近给予埃及的大批类似形式的援助所起的作用是为该国糟糕的国内农业政策承担损失。这种倾销方式还损害了国际农产品市场的利益。

对于那种带附加条件的援助的范围和作用,我们很难加以评说。这种援助主要是在援助国政府坚决要求受援国将通过双边援助可得到的部分基金及款项用于购买其本国的物资、商品,或者服务的情况下才能给予的。虽然这种带附加条件的对外援助的账目结算情况很少见诸公开发布的记录当中,但是仍有证据表明,美国70%以上的对外援助都是带附加条件的。一些低收入国家的经济学家非公开地揭露了个别附加条件式的国际援助所造成的后果。

例如,最近瑞典提议给予印度一大笔用于林业培训的援助基金;然而,在经过两年的谈判之后,由于印度政府无法消除瑞典人坚持要求的一些附加条件,所以没有接受这一援助。但一些更为弱小的国家并没有像印度那样拒绝这类外援。

从高收入国家招募专家的费用十分昂贵。美国的对外援助机构每年要付给每位专家大约 10 万美元。很多低收入国家的具体情况都表明,这些外援专家的资质比与他们一起工作的当地专家的资质还要差。由于许多援助机构招募的专家拿的工资很高但却不具备足够的资质,因此造成了援助基金的极大浪费。一些由美国的接受政府赠予地兴办的大学派到低收入国家服务的农业科研人员,也具有同样的局限性。

目前大多数国际援助机构所遵循的政策宗旨,是减少个人收入及财富分配的不平等,即使这样做会损害农业生产的潜力。这种平等的目标就是那些高收入的捐赠国政府认为与其本国的情况相适应的目标。捐赠国的个人收入越高,这种解决低收入国家收入平等问题的方法就越不适用。在借提供外援推销其平等概念方面,瑞典够资格算得上是罪魁祸首。很多人忽略了该国的援助所产生的支持非民主政府和损害农业生产率的效果。我在坦桑尼亚所见到的,就是这样一种后果。其他一些国际援助机构也像瑞典一样,热衷于追求这种平等的目标,而不惜以牺牲可通过农业科研和高收益的农业投资来增加食品供给的农业生产潜力的提高为代价,尽管其程度不那么严重。联合国的援助机构和美国的国际开发署一样,都具有这种倾向。实际上,是国会不管类似的国内政策已经遭到失败的事实,而仍然要求实现这种平等的目标。国会批准了一大笔款项用以改善美国小农场主的境况，但是，尽管负责管理该项计划的工作人员都具有很强的能力，结果还是未能获得成功。而国会仍然希望在低收入国家推行这类农业计划时能够获得成功。值得注意的是，现在有一些政局稳定的低收入大国正在抵制这种政策。而小的国家，尤其是那些政府软弱的小国，却没有能力抵制这种政策给生产所造成的不利影响，从而使这些国家失掉了由农业的全面现代化可能带来的更丰富的食品供应的机会。

我们必须将政府具有相对优势的经济活动和市场具有相对优势的经济活动区分开来①。按照这一检验标准，大多数有组织的农业科研活动都是政府的职责，并且主要生产“公共产品”。在美国，所有的农业科研项目中，由私人企业为赢利目的而进行的项目只占25%。在低收入国家，私人企业所开展的这类研究项目所占的比例要更小。美国农业部（USDA）在搜集和报告农业统计数据方面拥有明显的优势。政府还在规定参与买卖的产品的计量标准方面，拥有强大的相对优势。它还是确定各种产品买卖双方财产权的首要权威。对农产品，特别是食品所进行的审查，也主要是由政府负责。保持总体价格水平的恒定，是政府的职能之一。在高收入国家，减少个人收入分配不平等的努力，也主要靠的是政府。

大多数国际援助机构既不承认农业及其他经济部门在市场上的比较优势，也不支持这种优势。几乎所有的援助机构都毫无例外地对市场抱有强烈的偏见。它们靠巧言夸大市场的不足之处而

① 参见西奥多·舒尔茨：“市场、农业与通货膨胀”，诺顿讲座，厄巴纳－尚佩恩，伊利诺伊大学，1980年6月11日。

兴旺发展。大多数东道国政府也因持有这种偏见而获取到既得利益。有关这一问题,我所了解的这些国际农业研究中心属于例外之列。一些私人基金会则倾向于处在一种矛盾的心理状态中。

尽管存在由政府所施加的障碍,并且有关指责市场缺陷的教条思想还使得这些障碍变得合理化了,但是,由市场制定价格的活动的比较优势仍可不断地得到证明。任何不了解市场状况的政府都不可能在农业现代化方面获得成功。在所有中央集权的经济体制中,农业资源的配置毫无疑问都是缺乏效率的。那些以低于市场价格的价格向农民征收粮食的低收入国家的政府,削弱了农民促进农业现代化的经济能力。那些通过控制其进口、生产和分配来统一制定全国化肥价格的政府,无一例外地都缺乏成效,而且都会造成浪费。许多低收入国家的政府,尽管迫切需要增加农业生产量,但仍将其农产品价格定得过低。在大多数这类国家,如果能开展自由贸易,并按现行的国际价格来制定国内农产品和农业投入的价格,就会对其农业的现代化大有裨益。

但是,总的来看,由于各国际援助机构过于顽固地信奉指责市场缺陷的教条,以致无法感知市场的比较优势。大量的外援所产生的经济作用是进一步增强了东道国政府歧视农业的能力。

还应注意到的是,在美国,一些热衷于督促政府加强管制,以阻止农民破坏土质、污染河流和水资源供给、耗竭良田、使用多种人工化学制品、灭绝濒危物种的政治团体的激增,为指责市场缺陷的教条提供了比以往任何时候都更加强有力的依据。这些政治团体把市场导向的农业视为危害环境和社会的因素。正如人们可能会预料到的那样,国际援助机构充分利用了这些团体在政治上所获得的成功。政府在控制农业方面的失败,包括这些援助机构的失败,很少被提到议事日程上来。在这种情况下,很多低收入国家的农业生产潜力遭到由此而造成的农业刺激扭曲的破坏,应当不是什么令人惊奇的事情。[①]

国际援助机构还有另外两个特征需要加以评述。一些小国,以及无论其大小如何,但是政府缺乏权威及管理能力的国家发现,应付为数众多的外国援助机构是一件极其困难的工作。孟加拉国的软弱政府面对的是数以百计的国际援助机构;该政府无法确定这些援助机构所能带来的公共利益,也无法使他们为其所做的事情承担责任。肯尼亚政府虽然具有一定的管理能力,但它也面临着和孟加拉国相类似的问题;并在最近提请国际农业开发局(一个基金会)就如何应付这种迅速增多的援助机构给予一些建议。在一些低收入小国,这是一个普遍存在的难题。

第二个特征是关于援助机构所制造和传播的信息的扭曲;这些信息中的绝大多数都是为了使某一援助机构获得更多的财政资助而假造出来的坏消息。朱利安·西蒙(Julian L. Simon)指出,联合国1977年的一份报告中所说的,在1968年到1973年,撒哈拉沙漠的"西部非洲有10多万人死于饥饿"并不符合事实[②]。"由于沙漠在地球上的扩散,每年有567万公顷的可耕地正在消失"是一个有多大价值的坏消息呢?然而,正像逐国进行的可耕地面积

① 参见西奥多·舒尔茨主编的《农业刺激的扭曲》,印第安纳州,布卢明顿:印第安纳大学出版社,1978年。

② 朱利安·西蒙:"资源、人口、环境:伪造的坏消息的过度供给",《科学》(1980年6月27日):第1431—1437页。

变化的调查所显示的那样，事实恰恰与此相反。联合国的一个委员会预计："在 1980 年到 2025 年，亚洲将有 5 亿人死于饥饿。"对于世界银行和美国国际开发署来说，"较高的人口增长意味着较低的人均经济增长"几乎是一个颠覆不破的真理。对此，也有很多与其相反的证据。美国援助机构的出版物《工作报告》(*Agenda*)是制造坏消息的源头。这些坏消息涉及：地球、水资源、空难伤亡事故、打算向第三世界倾销有毒废料的美国工业、农药的威胁、城市中潜在的爆炸性局势、第三世界环境的损害等等。"提交总统顾问委员会的关于环境质量的全球报告"(Global Report to the President's Council on Environmental Quality)是另一个制造这类坏消息的例子。

有少数几个经济学家考察了对外援助的经济效应[①]。这些致力于考察国际援助对农业生产的作用的研究文章主要讨论的是在中部非洲发生的情况，并给那里所进行的国际援助打了很低的分数。一些集中研究对外援助在贸易方面影响的文章所得出的是与此相类似的看法。某些特殊的制度改革(以及某些土地改革)也未能通过经济上的检验。我自己的研究表明，无论是援助机构，还是他们要与之打交道的东道国政府，都不知道或者是好像不想知道

① 鲍尔对国际援助的局限性进行了卓有成效的研究，请参见他的《关于发展的不同意见》，马萨诸塞州，坎布里奇：哈佛大学出版社，1972 年，以及"对外援助的危害"，原载《华尔街日报》，1980 年 6 月 9 日。哈里·约翰逊在其成功的研究生涯中也经常对此问题予以关注。乌玛·莱利为其《乡村发展计划：来自非洲的教训》，巴尔的摩：约翰·霍普金斯大学出版社，1979 年，第 227—256 页，第三版所写的 29 页的跋，对于这个问题的研究是第一流的贡献。爱德华·舒在我的《农业刺激的扭曲》一书中所登载的文章也具有一流的水平；舒还有一篇以其最近作为华盛顿行政机构官员的工作经历为基础写成的重要论文，尚未发表。

决定低收入国家农民做出选择的偏好及资源的限制。在大多数低收入国家,农民仍然没有或很少具有消除现行农业歧视的政治上的影响。农业刺激的扭曲在这些国家十分流行。他们认为国际和国内市场都是失败的,必须发展政府对市场的替代作用。大多数国际援助机构实际上几乎没有为改善农民的教育及健康状况做什么事情。在农业科研方面所取得的成就是一个例外,这主要应归因于一些私人基金会在早期的改革创新,以及少数几个接受政府赠与地兴办的大学早期在低收入国家所开展的研究计划。但是,一些严格地为紧急援助而设计的政府计划,却获得了很高的评价。

低收入国家的农民应当获得比他们现在从国际援助机构那里所获得的好得多的待遇,但愿经济学家正在提供的是使这一景况得以出现的分析基础。

结语:解释与含义

所有作者都会设法使自己的书得到读者的青睐。对本书的解释将反映出阅读它的人在信念与经验方面的差异。正是由于这个原因,各种各样的读者对本书的解释会与我的本意有所不同。这些不同的解释将取决于读者是生活在低收入国家还是高收入国家,以及他们是相信还是不相信经济学在人类生活中的重要性。如果这本书不致夭折而得以生存下去的话,我所关心的是,人们将如何解释它所阐述的问题,以及在未来 10 年或更长的时间里它会具有怎样的作用。我预计本书所分析的要旨将会在低收入国家比在高收入国家更受读者的欢迎。这样评价并不意味着低收入国家的政府官员将会自然而然地接受它的全部内容;但是,一般来说,生活在低收入国家的普通老百姓,只要他们能买得起这本书,就会发现它的真实、生动与巨大价值。在高收入国家,人们倾向于怀疑经济学的可靠性,因此他们将不会轻易接受我在本书中有关经济的扭曲降低了生产率和生活福利的论述。

我并不要求读者认为本书的所有章节都是具有权威性的最后定论。该书的每一章都只是对我所思考和研究过的一些问题的初步汇报。我很清楚地知道,在经济学的分析中充满了困难,而且很难将一个人所了解的观点和知识传达给另外一个人。我还知道,经济思想比经济学语言所包含的意义更广泛,经济学语言比标准的经济理论所传达的内容更全面,而这种理论又比经济学中的数学公式所包含的知识更丰富;然而,这里所说的每一种探讨经济学问题的方法,都具有它自己的相对优势。

我自己对本书所论述的这些问题的解释,既不悲观也不乐观。我认为,与马尔萨斯和李嘉图联系在一起的经济学的悲观论调并没有得到认证。马尔萨斯没能预料到父母会用孩子的质量来代替数量;李嘉图也没能预料到现代科研能够生产出原始土地生产力的替代品。

亚当·斯密所建立的经济学基本原理,不会使人转而想到国民财富将可能主要来自人们后天所获得的能力——他们的教育、经验、技能和健康水平。在斯密的时代,没有人能预见到国民财富的4/5将来自人们的劳动收入,而来自物质财产的将只占1/5;然而现在美国的情况就是如此。我们已经知道的是,知识的进步是财富和收入的一个重要源泉;但是,有关组织的职能,我们所知道的好像比亚当·斯密还要少。政府对经济生产率的不良影响使人们有理由对未来持悲观主义的态度;然而,当看到普通人对经济刺激的明显个人反应时,我们就会有更多的理由对前途充满乐观。

但是,在这个世界上,仍然存在着许多由各种可怕的预言所构成的虚夸言辞。这些可怕的预言包括:地球上的土地将被人们用光;自然资源将被消耗殆尽;适宜耕种的土地将无法为日益增长的人口生产出足够的粮食;以及,大规模的饥荒将会很快发生。这些预言不是对地球的限度所进行的正确推断,因为未来的经济生产力并不是由空间、能源和可耕地的面积所预先确定的,而将由人类的能力来决定。这在过去就是如此,并且没有使人信服的理由可以认为在未来的年代里情况将不是这样了。人类后天所获得的能力的增长是没有止境的。有鉴于政府的行为业绩总是极其严重地令人无法信任,因此就得频繁地更换,就此而言,还有希望加以改进。

通晓并懂得生产力的经济动力及其对人类福利所起的作用,是一件极为重要的事情。在处理经济事务时,关键的问题是了解在社会上普遍盛行的东西和政府所特别关注的事情。自从第二次世界大战结束以来,许多低收入国家已从其所犯的经济错误中吸取了教训;并且,他们对其本国经济发展动力的理解也在日益增进。而某些高收入国家,包括美国在内,对经济生产力的基本原理的理解却有所下降。

我在本书中主要讨论的是对人和知识所进行的投资。投资即意味着投入一定的资源以获取未来的收入和满足。这是一种从经济学角度对可观察到的个人及其政府的行为进行分析的方法。当经济理论与现实中所观察到的证据相一致时,它就是健全有力的。在这本书中,我用了大量篇幅来描述现实的证据,而对理论只进行了少量的阐述。基本的经济理论具有普遍的适用性,从这一意义上讲,它不会受某一特定的社会、文化,以及国家的大小及贫富的限制。所有的人都会受到稀缺资源的约束。人们想要得到的东西都不是免费的,于是他们便选择可得到的能最有效地满足其偏好的资源来加以利用。在特别着重于对有关投资的问题进行论述时,我尽力去揭示提高经济生产力所需要的条件,以及它对人们未来福利所起的作用。

高收入国家与低收入国家之间在所面临的资源约束,以及人民的消费和投资能力方面,存在着非常大的差异。由于这一巨大的差异,来自高收入国家的经济学家很难理解低收入国家所面临的严重资源约束的真正含义,也很难理解决定穷人做出选择的偏好的性质。例如,孟加拉国的政府和人民就完全不可能负担得起瑞典政府为其人民所提供的那种社会福利。

我发现,高收入国家为帮助低收入国家提高其经济生产力所做的许多事情,都具有严重的缺陷。主要的缺陷有三个。第一个缺陷是由没有优先考虑对人力资本,即对普通教育、高等教育,以及人民的健康水平进行投资所导致的后果。在低收入国家,尽管其收入有限,但是这些投资都具有优先地位,而且是由它们自己进行的。许多低收入国家在对人力资本所进行的私人和公共投资方面所取得的成就,就其有限的资源而言,确实给人留下了极为深刻的印象。

第二个缺陷是由各种形式的对外援助所附加的社会改革条件所造成的。这些条件的目的是使低收入国家的政府像高收入国家正在做的和据称是能够做到的那样,减少个人收入分配的不平等。这一目标或许很高尚,但是,这些常常被用来满足这类对外援助的附加条件的援助项目,一般都是阻碍生产力发展的。因为它们损害了受援国的潜在生产力,并因此减少了可能使这些国家人民的福利状况有所改善的潜在收入。

代价最大且不知究竟会持续多长时间的,或许是第三个缺陷。该缺陷是由对市场作用的普遍偏见造成的。这种偏见在国际援助机构中根深蒂固,而且很多低收入国家的政府也染上了这种偏见。

这是一种由夸大市场失败的言辞所培育出来的偏见。国际援助机构从市场的失败中获取到既得利益;它们所做的事情不是增强市场的运作能力,而是使之弱化。

政府对市场的干预所造成的那类市场的失败,对经济的损害最大。对于这类市场的失败,国际援助组织所起的往往是同谋和帮凶的作用。国际援助,最明显的是在用农产品进行援助的情况下(如 P.L.480 援助计划),实际上导致了受援国农产品价格的扭曲,这种扭曲是由接受这类援助的政府强加给其农业的。在这种无经济效能的政府价格盛行的国家,将无法体现投入与产出的市场价格所具有的相对优势;然而,与现行国际市场价格相一致的自由的国内市场价格,对于许多低收入国家农业生产力的提高都会具有很大的益处。这样的价格是这些国家取得农业生产的经济潜力的必要条件之一。

第二个重要的经济意义在于,与西欧、日本,以及其他一些高收入国家(这里不考虑共产主义国家的价格制定情况)所采纳的国际价格相一致的自由的国内市场价格,不仅会有益于高收入国家的消费者,而且对很多低收入国家的出口机会,也会大有裨益。从这种贸易当中所获得的收益对低收入国家农业生产发展的贡献,很可能比国际援助对其农业生产发展的贡献更大。

农业科学研究是一个例外。虽然有些私人商业性企业做了一些农业科研工作,还有一些私人基金会在资助某些低收入国家的农业科研方面成功地进行了一些创新。但是,总的说来,政府在组织和支持这类科研方面仍然具有明显的相对优势。近几十年间农业科研单位的增加是一项显著的成就。在某些低收入国家,与健康有关的研究也已取得了一些进展;然而,基础科研工作却没有取得什么进展。

若将从人口质量的提高和知识进步的角度所进行的经济批评仅仅局限于低收入国家和国际援助机构,就是片面的;而且,在某种程度上,比方说,如果这种批评不与经济扭曲对美国生产力的损害联系起来的话,也是不公正的。美国大城市中的教育扭曲是一个恰当的例证;与政府资助相关联的基础研究和经济研究的扭曲也是这类例证。然而,扭曲的形式还远远不止这些。目前一些低收入国家的政府正在着手改进其经济方面的政策,而在美国,一些蔑视经济学并且明显地全面公开支持政府对市场进行干预的政治运动的激增,却在相当大的程度上造成了美国经济效益的下降。

然而,假如我们能从历史上所取得的经济成就中汲取经验,就会看到希望。衡量这一成就的重要尺度,是在 1900 年至 1970 年期间,美国劳动者每小时工作时间的实际收入增加了 5 倍以上。这一成就是从生产率的提高当中获得利益的典型,对于改善人类的福利具有极其深远的意义。

附　　录

表 A　美国的工资与小麦的价格

年份	1 蒲式耳小麦价格	周工资	每周工资可购买小麦数量(蒲式耳)
1817	(美元)2.41[a]	(美元)5.04[d]	2.1
1890	0.97[b]	8.40[d]	8.7
1900	0.67[b]	8.64[d]	12.9
1970	1.58[c]	151.60[e]	95.9
1977(8 月份)	2.31[c]	255.38	110

a.《美国历史统计资料》E－101 系列，小麦批发价格，华盛顿哥伦比亚特区：美国商业部，1960 年。

b.尼尔·波特和小弗朗西斯·克里斯蒂：《自然资源产品的发展趋势》，巴尔的摩：约翰·霍普金斯大学未来资源出版社，1962 年，第 93 页，表 AP－3：堪萨斯市平均水平。

c.硬粒冬小麦，堪萨斯市，资料来源于美国农业部的报告。

d.按每周工作 60 小时的非熟练工人的小时工资计算。

e.按每周工作 40 小时的制造业生产工人小时工资计算，其中包括附加的相当于货币工资 13%的非工资性补偿(nonwage compensation)。资料来源于劳工统计局的现行报告。

表 B　1900 年以来的部分年份美国非熟练工人、公立学校教师、副教授，以及制造业生产工人的小时工资或收入

年份	消费价格指数(1967 = 100)	非熟练工人工资		公立学校教师收入(按 1967 年美元价格)	副教授收入(按 1967 年美元价格)	制造业生产工人工资(按 1967 年美元价格)
		按现行美元价格	按 1967 年美元价格			
1900	25	0.144	0.58	0.82	2.60	0.60
1908	28	0.182	0.65	0.95	2.94	0.67
1910	29	0.181	0.62	0.96	2.98	0.70
1913	29.7	0.198	0.67	1.05	3.05	0.74
1915	30.4	0.212	0.70	1.08	3.11	0.74
1918	45.1	0.426	0.94	0.85	2.22	0.92
1919	51.8	0.513	0.99	…	2.11	0.92
1920	60	0.529	0.88	0.86	2.03	0.92
1922	50.2	0.402	0.80	1.30	2.99	0.90
1924	51.2	0.458	0.89	1.30	3.00	1.01
1926	53.0	0.461	0.87	1.28	2.98	0.96
1930	50	0.478	0.96	1.49	3.36	1.06
1932	40.9	0.400	0.98	1.82	4.17	1.09
1934	40.1	0.479	1.19	1.61	…	1.32
1935	41.1	0.495	1.20	1.62	3.56	1.32
1940	42.0	0.611	1.45	1.85	4.20	1.60
1942	48.8	0.773	1.58	1.66	3.49	1.77
1950	72.1	1.19	1.65	2.30	3.60	2.15
1955	80.2	1.52	1.90	2.72	…	2.55
1960	88.7	1.83	2.06	3.28	4.57	2.85

续表

年份	消费价格指数(1967=100)	非熟练工人工资		公立学校教师收入(按1967年美元价格)	副教授收入(按1967年美元价格)	制造业生产工人工资(按1967年美元价格)
		按现行美元价格	按1967年美元价格			
1965	94.5	2.15	2.28	3.91	5.61	3.13
1969	109.8	2.69	2.45	4.31	6.12	3.29
1970	116.3	2.88	2.48	4.39	6.18	3.27
1972	125.3	3.30	2.63	4.65	6.15	3.44
1975	161.2	4.24	2.63	4.32	5.75	3.37

资料来源：制造业生产工人的工资数据来源于艾伯特·里斯在《长期经济增长，1860—1970年》(华盛顿哥伦比亚特区，美国经济分析局，1973年)一书中的附录2，第222—223页，对这部分工人每小时工作的全部补偿性收入的估计数据都已从1957年美元价格调整到了1967年美元价格。非熟练工人、教师和副教授的收入来源于彼得·林德特和杰弗里·威廉森合写的"美国三个世纪以来的不平等"原载保罗·尤塞尔丁主编的《经济史研究》1976年第一卷，第118—119页，表A-1。从1930年开始，教师薪金的数据来源于《教育统计摘编》，1975年版(华盛顿哥伦比亚特区，国家教育统计中心，1975年)，表53；副教授薪金的数据来源于比尔兹利·鲁姆尔和西德尼·蒂康合著的《过去与现在的教师薪金》(纽约：福特基金会，1955年)一书中的第1号报告，第55页，表3。该数据资料直到1953年，从1960年以后，这些数据来源于《教育统计摘编》1975年版，表99。从1940年开始，教师和副教授的薪金按小额附加福利进行了如下调整：1940年和1942年为2.5%；1950年和1955年为5%；教师的薪金在1960年和1965年提高了7.5%，从那时以后为10%；副教授的薪金从1960年后提高了10%。副教授1900年的薪金是根据补充数据推算出来的。

表 C　美国 1900 至 1970 年部分年份的人均周工作时间、年工作时间、小时工资，以及年收入

年份	周平均工作小时（民用经济部门）(1)	每个雇员的年平均工作小时(2)	按 1967 年美元价格计算的小时工资(3)	按 1967 年美元价格计算的年收入(4)=(2)×(3)
1900	53.2	2766	0.60	1 660
1910	52.1	2705	0.70	1 894
1920	49.8	2584	0.92	2 377
1930	47.7	2477	1.06	2 626
1935	42.6	2210	1.32	2 917
1940	43.9	2278	1.60	3 645
1945	45.7	2331	1.97	4 592
1950	41.4	2141	2.15	4 603
1960	40.0	2068	2.85	5 894
1970	37.1	1929	3.27	6 038

资料来源：工作时间的数据来源于《长期经济增长，1860—1970 年》（华盛顿哥伦比亚特区，经济分析局，1973 年），B4 和 B5 系列，第 212 页。小时工资的数据来自附录：表 B。

参 考 文 献

本书所引用的其他作者的著作

Anderson, Arnold C., and Bowman, Mary Jean. "Education and Economic Modernization in Historical Perspective." In *Schooling and Society: Studies in the History of Education*, edited by Lawrence Stone, pp. 3 - 19. Baltimore: Johns Hopkins University Press, 1976.

Astin, Alexander W., King, Margo R., and Richardson, Gerald T. *The American Freshman: Norms for Fall*, 1978. Los Angeles: Graduate School of Education, University of California, Los Angeles, 1979.

Atkinson, Richard C. "Federal Support in the Social Sciences." *Science*, Feb. 22, 1980, p. 829.

Barlow, Robin. "The Economic Effects of Malaria Eradication." *American Economic Review* 57 (May 1967): 130 - 148.

Bauer, P. T. *Dissent on Development*. Cambridge, Mass.: Harvard University Press, 1972.

Bauer. "The Harm That Foreign Aid Does." *Wall Street Journal*, June 9. 1980, editorial page.

Becker, Gary S. "A Theory of the Allocation of Time." *Economic Journal* 75 (Sept. 1963): 493 - 517.

Becker. *Human Capital: A Theoretical and Empirical Analysis with Special Reference to Education*. New York: National Bureau of Economic Research and Columbia University Press, 1964.

Becker. *The Economic Approach to Human Behavior*, *Schooling*, *Experience*

and Earnings. New York: National Bureau of Economic Research and Columbia University Press, 1974.

Becker. "A Theory of Social Interaction." *Journal of Political Economy* 82 (Nov. - Dec. 1974): 1063 - 1093.

Becker, and Lewis, H. Gregg. "Interaction Between Quantity and Quality of Children." In *Economics of the Family: Marriage, Children, and Human Capital*, edited by Theodore W. Schultz, pp. 81 - 90. Chicago: University of Chicago Press, 1974.

Becker, and Tomes, Nigel. "Child Endowments and the Quantity and Quality of Children." *Journal of Political Economy* 84, pt. 2 (August 1976): S143 - S162.

Behrman, Jere. *Supply Response in Underdeveloped Agriculture: A Case Study of Four Major Annual Crops in Thailand*. 1937 - 1963. Amsterdam: North Holland Publishing Co., 1967.

Blaug, Mark. "Educational Policy and the Economics of Education: Some Practical Lessons for Educational Planners in Developing Countries." In *Education and Development Reconsidered*, edited by F. Champion Ward, pp. 23 - 32. New York: Praeger Publishers, 1974.

Borkar, G. *Health in Independent India*. New Delhi: Ministry of Health, Government of India, 1957.

Bowman, Mary Jean. "The Land-Grant Colleges and Universities in Human Resource Development." *Journal of Economic History* 22 (Dec. 1962): 523 - 546.

Bowman, and Anderson, C. Amold. "Theoretical Considerations in Educational Planning." In *Education Planning*, edited by Don Adams, pp. 4 - 47. Syracuse, N. Y.: Syracuse University Press, 1964.

Boyce, James K., and Evenson, Robert E. *National and International Agricultural Research and Extension Programs*. New York: Agricultural Development Council, 1975.

Butz, William P., and Habicht, Jean-Pierre. "The Effects of Nutrition and Health on Fertility." In *Population and Development*, edited by Ronald

G. Ridker. Baltimore: Johns Hopkins University Press, 1976.

Carnegie Commission on Higher Education. *A Classification of Institutions of Higher Education*. A technical report. Berkeley, Calif., 1973.

Dalrymple, Dana G. *Development and Spread of High Yielding Varieties of Wheat and Rice in the Less Developed Nations*. USDA Foreign Agricultural Economic Report No. 95. Washington, D. C.: USDA, 1978.

Debeauvais, Michel. "The Contribution of the Economics of Education to Aid Policies: A Critical Comment." In *Education and Development Reconsidered*, edited by F. Champion Ward. New York: Praeger Publishers, 1974.

De Tray, Dennis N. "The Substitution Between Quantity and Quality of Children in the Household." Ph. D. dissertation, University of Chicago, 1972.

De Tray. "Child Quality and the Demand for Children." In *Economics of the Family: Marriage, Children, and Human Capital*, edited by Theodore W. Schultz, pp. 91 - 114. Chicago: University of Chicago Press, 1974.

De Tray. *Child Schooling and Family Size*. Santa Monica, Calif.: RAND Corp., April 1978.

Economic Report of the President. Washington, D. C.: Council of Economic Advisors, 1976.

Evenson, Robert E. "The Organization of Research to Improve Crops and Animals in Low-Income Countries." In *Distortions of Agricultural Incentives*, edited by Theodore W. Schultz, pp. 223 - 245. Bloomington, Ind.: Indiana University Press, 1978.

Evenson, and Kislev, Yoav. *Agricultural Research and Productivity*. New Haven, Conn.: Yale University Press, 1975.

Government of India Planning Commission. *Draft Five Year Plan*, 1978 - 1983. New Delhi, 1978.

Griliches, Zvi. "Research Costs and Social Returns: Hybrid Corn and Related Innovations." *Journal of Political Economy* 66(October 1958): 419 - 431.

Grossman, M. *The Demand for Health*. New York: Columbia University Press, 1972.

Hardin, Charles M. "Conflicting Views on the World Food Problem—A Socialist or Capitalist Orientation: Which is Preferable?" Mimeographed. Davis, Calif.: University of California, Davis, November 1978.

Hayek, F. A. "The Dilemma of Specialization." In *The State of the Social Sciences*. Chicago: University of Chicago Press, 1956.

Hicks, John. *Capital and Growth*. Oxford: Oxford University Press, 1965.

Hill, Russell C., and Stafford, Frank P. "The Allocation of Time to Preschool Children and Educational Opportunity." *Journal of Human Resources* 9(Summer 1974): 323 - 341.

Johnson, D. Gale. "Food Production Potentials in Developing Countries: Will They be Realized?" Bureau of Economic Studies Occasional Paper No. 1. St. Paul, Minn.: Macalester College, 1977.

Johnson. "International Prices and Trade in Reducing the Distortions of Incentives." In *Distortions of Agricultural Incentives*, edited by Theodore W. Schultz, pp. 195 - 215. Bloomington, Ind.: Indiana University Press, 1978.

Johnson. "The World Food Situation: Recent Developments and Prospects." University of Chicago, Graduate School of Business, 1978.

Johnson. "The World Food Situation: Developments During the 1970s and Prospects for the 1980s." University of Chicago Agricultural Economics Research Paper No. 80 - 10, March 1980.

Johnson, Harry G. "Toward a Generalized Capital Accumulation Approach to Economic Development." In *The Residual Factor and Economic Growth*. Paris: OECD, 1964.

Johnson. *On Economics and Society*. Chicago: University of Chicago Press, 1975.

Knight, Frank. "Diminishing Returns from Investment." *Journal of Political Economy* 52(March 1944): 26 - 47.

Kothari, V. N. "Factor Cost of Education in India." *Indian Economic Jour-*

nal 13(April-June 1966):631－646.

Kothari. "Disparities in Relative Earnings Among Different Countries." *Economic Journal* 80(Sept. 1970):605－606.

Krutilla, John V., and Fisher, Anthony C. *The Economics of the Natural Environments*. Baltimore: Johns Hopkins University Press for Resources for the Future, 1975.

Kuznets, Simon. "Economic Growth and Income Inequality." *American Economic Review* 45(March 1955):1－28.

Kuznets. "Quantitative Aspects of the Economic Growth of Nations: Ⅷ. Distribution of Income by Size." *Economic Development and Cultural Change* 11(Ⅱ)(Jan. 1963):1－80.

Kuznets. *Modern Economic Growth*. New Haven, Conn.: Yale University Press, 1966.

Kuznets. *Economic Growth and Nations*. Cambridge, Mass.: Harvard University Press, 1971.

Leibowitz, Arleen. "Home Investment in Children." In *Economics of the Family: Marriage, Children, and Human Capital*, edited by Theodore W. Schultz. Chicago: University of Chicago Press, 1974.

Lele, Uma. *The Design of Rural Development: Lessons from Africa*. Baltimore: Johns Hopkins University Press, 1979.

Leontief, W. "Introduction to a Theory of the Internal Structure of Functional Relationships." *Econometrica* 15(Oct. 1947):361－373.

Lindert, Peter H. "Land Scarcity and American Growth." *Journal of Economic History* 34(1974):851－884.

Macchiarola, Frank J. "Mid-Year Report of the Chancellor of the Schools for New York City Board of Education." Mimeographed. Jan. 1979.

Makhija, Indra. "The Economic Contribution of Children and Its Effects on Fertility and Schooling: Rural India." Ph. D. dissertation, University of Chicago, 1977.

Malenbaum, Wilfred. "Health and Productivity in Poor Areas." In *Empiri-*

cal Studies in Health Economics, edited by H. E. Klarman. Baltimore: Johns Hopkins University Press,1970.

Mann, Dale. *The Politics of Administrative Representation*. Lexington, Mass.:D.C. Heath and Company,Lexington Books,1976.

Marshall,Alfred. *Principles of Economics*. 8th ed. New York:Macmillan,1920.

Marshall,Eliot. "Defense." *Science*,Feb. 8,1980,pp. 619 - 620.

Mincer, Jacob. "On-the-Job Training: Costs, Returns, and Some Implications." In *Investment in Human Beings*,edited by Theodore W. Schultz. Supplement to the *Journal of Political Economy* 70(Oct. 1962):50 - 79.

National Research Council,National Academy of Sciences. *Evaluating Federal Support of Poverty Research*. Paperback reprint, Cambridge, Mass.: Schenkman Publishing Co.,1979.

National Science Foundation. *National Patterns of R and D Resources*. NSF - 78 - 313. Washington,D.C.,1978.

Nerlove, Marc. "Toward a New Theory of Population and Economic Growth." In *Economics of the Family: Marriage, Children, and Human Capital*,edited by Theodore W. Schultz,pp. 527 - 545. Chicago: University of Chicago Press,1974.

Nolting,L.E.,and Feshback,M. "R and D Employment in the U.S.S.R." *Science*,Feb. 1,1980,pp. 493 - 503.

Palmer,Archie M.,ed. *Research Centers Directory*. 6th ed. Detroit:Gale Research Company,1979.

Panchamukhi,P. R. "Educational Capital in India." *Indian Economic Journal* 12(Jan. - March 1965):306 - 314.

Patton,Carl V.,and Marver,James D. "The Correlates of Consultation: American Academics in the 'Real World.'" *Higher Education* 5(August 1976):319 - 335.

Patton. "Paid Consulting by American Academics." *Educational Record* 60 (Spring 1979):175 - 184.

Piel,Gerard. "On Promoting Useful Knowledge." *Proceedings of the Ameri-*

can Philosophical Society, Dec. 28, 1979, pp. 337 – 340.

Potter, Neal, and Christy, Francis T., Jr. *Trends in Natural Resource Commodities*. Baltimore: Johns Hopkins University Press for Resources for the Future, 1962.

Psacharopoulos, George. "Educational Planning: Past and Present." *Prospects* 8, no. 2(1978): 135 – 142.

Ram, Rati. "India's Agriculture During 1950 – 1970: An Exercise in Growth Source Analysis." University of Chicago Agricultural Economics Paper 74 – 84. 1974.

Ram, and Schultz, Theodore W. "Life Span, Health, Savings, and Productivity." *Economic Development and Cultural Change* 27(April 1979): 399 – 421.

Rees, Albert. "Pattern of Wages, Prices and Productivity." In *Wages, Prices, Profits, and Productivity*, pp. 11 – 37. Proceedings of the American Assembly. New York: Columbia University Press, June 1959.

Rosenzweig, Mark R., and Evenson, Robert E. "Fertility, Schooling and the Economic Contribution of Children in Rural India: An Econometric Analysis." *Econometrica* 45(July 1977): 1065 – 1079.

Rosenzweig, Mark R., and Wolpin, Kenneth I. "Testing the Quantity-Quality Fertility Model: The Use of Twins as a Natural Experiment." Mimeographed. New Haven: Yale University Economic Growth Center, October 1978.

Rudolph, Susanne Hoeber, and Rudolph, Lloyd I. *Education and Politics in India*. Cambridge, Mass.: Harvard University Press, 1972.

Ruttan, Vernon W. *Integrated Rural Development Programs: A Skeptical Perspective*. New York: Agricultural Development Council, 1975. Reprinted from *International Development Review* 17, no. 4(1975).

Shah, C. H. "Food Preferences and Nutrition: A Perspective on Poverty in Less Developed Countries." *Indian Journal of Agricultural Economics* 35 (January – March 1980): 1 – 39.

Sher, Jonathan P., and Tompkins, Rachel B. "Economy, Efficiency and

Equality." Washington. D. C. :National Institute of Education,July 1976.

Shils,Edward."The Conflict of God and Caesar." The second of three 1979 Jefferson Lectures. University of Chicago,April 10,1979.

Shortlidge,Robert L.,Jr."A Social-Economic Model of School Attendance in Rural India." Department of Agricultural Economics Occasional Paper No.86,Ithaca,N.Y.:Cornell University,January 1976.

Simon,Julian L. "Resources, Population, Environment: An Oversupply of False Bad News."*Science*,June 27,1980,pp.1431 - 1437.

Sjaastad, Larry A. "The Costs and Returns of Human Migration." In *Investment in Human Beings*,edited by Theodore W. Schultz. Supplement to the *Journal of Political Economy* 70(Oct.1962):80 - 93.

Sovani,N.V. *Population Trends and Agriculture Development: Case Studies of Sri Lanka and India*. United Nations Economic and Social Council Paper E/Conf.60/SYM 1/11. New York,April 1973.

Sukhatme,P. V. "Malnutrition and Poverty." Ninth Lal Bahadur Shastri Memorial Lecture, *Indian Agricultural Research Institute*, New Delhi, January 29,1977.

United States Bureau of Economic Analysis. *Long Term Economic Growth* 1860 - 1970. Washington,D.C.,1973.

United States Department of Health,Education and Welfare. *Digest of Education Statistics* 1977 - 1978. Washington,D.C.:National Center for Education Statistics,1978.

Usher, Dan. "An Imputation to the Measure of Economic Growth for Changes in Life Expectancy." In *The Measurement of Economic and Social Performance*,edited by Milton Moss. New York:National Bureau of Economic Research,1978.

Viner,Jacob. *The Role of Providence in the Social Order: An Essay in Intellectual History*. Philadelphia:American Philosophical Society,1972;paperback ed. Princeton,N.J.:Princeton University Press,1976.

Viner. *Religious Thought and Economic Society: Four Chapters of an Unfin-*

ished Work, edited by Jacques Melitz and Donald Winch. Durham, N.C.: Duke University Press, 1978.

Walsh, John. "Does High School Grade Inflation Mask a More Alarming Trend?" *Science*, March 9, 1979, p. 982.

Welch, Finis. "Education in Production." *Journal of Political Economy* 78 (Jan. – Feb. 1970): 35 – 59.

Welch. "The Role of Investments in Human Capital in Agriculture." In *Distortions of Agricultural Incentives*, edited by Theodore W. Schultz. pp. 259 – 281. Bloomington, Ind.: Indiana University Press, 1978.

Williams, Alan, "Health Service Planning." In *Studies in Modern Economic Analysis*, edited by M. J. Artis and A. R. Nobay Edinburgh: Blackwell, 1977.

Wilson, John T. "Higher Education and the Washington Scene: 1980." Mimeographed. University of Chicago, October 1979.

Winslow, C. E. A. *The Cost of Sickness and the Price of Health*. Geneva: World Health Organization, 1951.

World Bank: *Atlas: Population, Per Capita Product and Growth Rates*. Washington, D.C.: World Bank, 1974.

World Bank. *Health: Sector Working Paper*. Washington, D.C., 1975.

译名对照表

A

AID 可参见“美国，国际开发署” AID, *See* Agency for International Development, U.S.

阿根廷：政局的不稳定对阿根廷教育及科研的损害 Argentina: education and research impaired by instability

阿根廷大豆产量 soybean production

阿斯廷，亚历山大 Actin, Alexander, W.

阿特金森，理查德 Atkinson, Richard, C.

埃及：对埃及的经济援助 Egypt: aid to

埃姆斯经济学家小组 Ames group of economists

埃文森，罗伯特 Evenson, Robert E.

安德森，阿诺德 Anderson, C. Arnold

B

巴茨，威廉 Butz, William, P.

巴顿，卡尔 Patton, Carl, V.

巴罗，罗宾 Barlow, Robin

巴西：巴西高等教育的发展状况 Brazil: higher-education record of

巴西科研的可行性 research viability of

巴西大豆产量 soybean production in

鲍尔，彼得 Bauer, Peter

鲍曼，玛丽，琼 Bowman, Mary Jean

贝尔曼，杰里 Behrman, Jere

贝克尔，加里 Becker, Gary, S.

庇古，阿瑟 Pigou, Arthur C.

波特，尼尔 Potter, Neal

博卡 Borkar, G.

博伊斯，詹姆斯 Boyce, James, K.

不同类型的国民收入 national income by type

can wheat in

对农业的歧视　discrimination against

对市场的偏见　bias against markets of

对外经济援助：对外经济援助的概念，参见"援助"　Foreign aid: concept of, *See also* Aid

E

厄舍，丹：对期望寿命延长之效用的研究　Usher, Dan: on utility of increases in life expectancy 厄舍所确定的由期望寿命的　utility derived from determined by Usher

F

法国：法国的工资　France: wages in

泛美开发银行　Inter-American Development Bank

非农业人口的分配能力　Allocative ability of nonfarm people

非熟练工人、教师以及副教授工资的比较　earnings of unskilled workers, teachers, and associate professors compared

非营利性研究机构　Research institutes, nonprofit

非洲：非洲的贫困　Africa: poverty in

费什巴克　Feshback, M.

费希尔，安东尼　Fisher, Anthony C.

芬兰：土壤的改良　Finland: improvement of soils of

福格尔，罗伯特　Fogel, Robert

福利：使福利扩大的各种因素　Well-being: factors enhancing

福特基金会　Ford Foundation

父母：权威的下降　Parents: reduction in authority of

父母的责任：人力资本理论的意义　Parental responsibility: implications of human-capital theory for

妇女：作为企业家　Women: as entrepreneurs

附加工资的增长　rise in wage supplements in

G

G.I.权利法案　G.I.

高产品种小麦：种植高产品种小麦的田地　Wheat, high-yielding varieties of: cropland devoted to

高等教育：对外国提供的高等教育资金的怀疑　Education, higher: suspicion of foreign financing of

高等教育：高等教育的私人配置　Higher education: private alloca-

tions to

高等教育机构及制度　institutions of higher education in

高粱：在塞内加尔种植的高粱　Sorghum, grain: in Senegal

戈德史密斯，雷蒙德　Goldsmith, Raymond W.

格利里切斯，兹维　Griliches, Zvi

格罗斯曼　Grossman, M.

耕地：用杂交玉米取代传统品种玉米　Cropland: hybrid corn as substitute for

工业化：被看作是经济进步的关键　Industrialization: viewed as key to economic progress

工资：在法国、德国、瑞典以及（大不列颠和北爱尔兰）联合王国向上增长的趋势　Wages: upward in France, Germany, Sweden, and the United Kingdom

工资收入：与普通劳动者工资成函数关系的受过高等教育者的工资收入　Earnings: of college educated as a function of rank-and-file wages

工资与小麦的价格　wages and the price of wheat

《工作报告》(AID 出版物)　《*Agenda*》(AID Publication)

工作时间与收入的关系　hours worked in relation to earnings

公共教育基金　public funding of

公立学校教育体制：公立学校教育体制的巩固　Public school systems: consolidation of

公平和效率的互补性　complementarity of equity and efficiency in

公平-效率问题　Equity-efficiency issue

供求分析方法　supply-and-demand approach to

供应美国冬季市场的水果和蔬菜生产　fruit and vegetable production for the U.S. winter market

古典经济学：古典经济学的发展　Economics, classical: development of

雇员的补偿性工资收入：作为美国国民收入的一部分　Employee compensation: as a fraction of U.S. national income

国际农业开发局　International Agricultural Development Service

国际农业研究中心　International Agricultural Research Centers

国际援助机构　International Donor Community, *passim*

国家航空和宇宙航行局(NASA)：

NASA 研究基金 National Aeronautics and Space Administration(NASA):research funding by

国家计划委员会 National Planning Association

国家科学基金会(NSF) National Science Foundation(NSF)

国民收入中各种不同有效份额的变化 changes in functional shares of national income

国内市场价格:自由制定国内市场价格的优越性 Market prices, internal: advantages to freedom of

H

哈比奇特,琼-皮埃尔 Habichit, Jean-Pierre

哈迪 Hardy,C.O.

哈丁,查尔斯 Hardin,Charles,M.

哈佛大学:哈佛大学的农业经济学研究 Harvard University: agricultural economics research at

哈耶克 Hayek,F.A.

孩子:用孩子的质量来代替数量 Children: substitution of quality for quantity in

孩子的质量:在孩子质量上的投资 Child quality:investments in

孩子数量与质量的相互作用与影响 interaction between quantity and quality of

孩子所做工作的价值 value of work don by

海军分析局 Office of Naval Analysis

汉德勒,菲利普 Handler,Philip

宏观增长理论 Macro-growth theory

宏观增长模型 Macro-growth models

J

基础研究 basic research in

基斯列夫,约夫 Kislov,Yoav

加拿大国际研究开发中心 Canadian International Research Development Centre

家庭生产:来自家庭生产活动的附加收入 Household production: additional income from

家庭生产的作用 Household production function

家庭生产研究:对家庭生产研究的忽视 Household production research:neglected

家庭主妇:家庭主妇的时间价值 Housewives:value of time of

价格的作用 price effects on

健康：低收入国家健康水平的改善 Health: improvements in low income countries

健康服务：低收入国家的健康服务供给曲线 Health service: supply curve of in low-income countries

健康资本：健康资本存量的增长 Health capital: growth in stock of

教师的激励因素 Teachers, incentives of

教育：在提高人口质量方面的作用 Education: role of in improving population quality

教育成本与国民收入的关系 cost of education in relation to national income

教育的非市场价值 nonmarket contributions of

教育的民主化 educational democratization in

教育计划模式：局限性 Educational planning models: limitations of

教育投资 investment in education

《教育与收入》(世界银行报告) *Education and Income* (World Bank report)

教育中的效率与公平 efficiency and equity in

教育资本：教育资本所提供的服务 Educational capital: services rendered by

教育资格证书 Educational vouchers

金，马戈 King, Margo, R.

经济不均衡 Economic disequilibria

经济刺激：经济刺激在低收入国家的扭曲 Incentives, economic: distortion of in low-income countries

经济的扭曲 distortions in economy of

经济发展委员会 Committee for Economic Development

经济史：对经济史的忽视 Economic history: neglect of

经济衰退 economic decline

经济学研究：学术咨询对经济学研究的影响 Economic research: influence of academic consulting on

《经济学原理》(马歇尔) *Principles of Economics* (Marshall)

经验：作为人口质量的来源 Experience: as a source of quality

拒绝接受瑞典林业科学培训援助拨款 rejects Swedish forestry grant

K

卡内基高等教育委员会 Carnegie

dom：wages in
列昂节夫　Leontief，W.
列昂节夫悖论　Leontief paradox
林德特，彼得　Lindert，Peter，H.
刘易斯，格雷格　Lewis，Gregg，H.
（小）卢卡斯，罗伯特　Lucas，Robert，E. Jr.
鲁道夫，劳埃德　Rudolph，Lloyd，I.
鲁道夫，苏珊娜·霍伯　Rudolph，Susanne Hoeber
鲁姆尔，比尔兹利　Rumle，Beardsley
"绿色革命"　"Green Revolution"
孪生子女：在印度所表明的在学校教育方面的消极影响　Twins：negative effects on Schooling demonstrated in India
孪生子女在学校教育方面的消极影响　negative effects of twins on schooling in
罗森兹威格，马克　Rosenzweig，Mark R.
罗耶系列讲座（1980 年）　Royer Lectures（1980）
洛克菲勒基金会：在建立国际农业研究中心中的作用　Rockefeller Foundation：role of in establishing International A-gricultural Research Centers
提供的研究基金　research funded by

M

马尔萨斯，托马斯　Malthus，Thomas，R.
马基亚罗拉，弗兰克　Macchiarola，Frank，J.
马克思，卡尔　Marx，Karl
马来西亚：棕榈果的产量　Malaysia：palm-fruit production in
马伦鲍姆，威尔弗雷德　Malenbaum，Wilfred
马维尔，詹姆斯　Marver，James，D.
马歇尔，阿尔弗雷德　Marshall，Alfred
马歇尔，埃利奥特　Marshall，Eliot
马歇尔计划　Marshall Plan
玛希加，英迪拉　Makhija，Indra
曼，戴尔　Mann，Dale
曼赛，罗伯特　Manthy，Robert S.
美国，国防部：作为基础研究的买主　Department of Defense，U. S.：as buyer of basic research
美国，国际开发署，（AID）　Agency for International Development，U.S.（AID）
美国，能源部：可供其使用的研究基金　Department of Energy，U.S.：research funds available to

美国：谷物产量　United States: corn production of

美国的非熟练工人、教师以及副教授的工资收入　of unskilled workers, teachers, and associate professors the United States

美国工资收入的增长，参见"小时工资收入"　increase of in the United States, *See also* Hourly earnings

美国农业部(USDA)　Agriculture, United States Department of (USDA)

美国制造业生产工人的工资收入　of manufacturing production workers in the United States

孟加拉国　Bangladesh

孟买：孟买的收入与美国的收入相对照　Bombay: incomes contrasted with those in United States

米德，玛格丽特　Mead, Margaret

米切尔，韦斯利　Mitchell, Wesley

明瑟尔，雅各布　Mincer, Jacob

莫尔顿，亨利　Moulton, Henry

墨西哥：高等教育的发展历程　Mexico: higher-education record of

墨西哥小麦：在印度种植的墨西哥小麦　Mexican Wheat: in India

墨西哥政府：在建立国际农业研究中心中的作用　Mexico, government of: role in establishing International Agricultural Research Centers

N

纳尔逊，理查德　Nelson, Richard, R.

奈特，弗兰克　Knight, Frank, H.

《能源：未来的二十年》(福特基金会研究报告)　*Energy: The Next Twenty Years* (Ford foundation report)

尼罗河：冲积平原　Nile: alluvial lands of

尼日利亚：棕榈果产量　Nigeria: palm-fruit production in

纽约市：教育体制　New York City: school system of

农民们对激励的反应　response to incentives of farmers in

农田：农田之经济重要性的下降　Farmland: decline in economic importance of

农业：科研成就　Agriculture: research achievements

农业对国民收入的相对贡献下降　decline in relative contribution of to national income

农业发展基金的分配　allocation

R

provement of croplands of
战后的经济复苏 postwar recovery of
入学人数 educational enrollments in
瑞典 Sweden
瑞典的工资 wages in

S

撒哈拉沙漠：不毛之地 Sahara：unproductive soils of
塞内加尔：高粱 Senegal：grain sorghum in
社会经济学观点：土地的耗竭 Socio-economic view：of land depletion
社会科学研究：联邦政府对社会科学研究的支持 Social science research：federal support for
生产率：增长的因素 Productivity：factors in increasing
时间的分配：时间分配的理论 Allocation of time：theory of
时间价值的增长 rise in value of time of
实际工资的增长 rise in real earnings
食品消费的增长 increased food consumption in
世界银行 World Bank
市场：在制定价格方面的优势 Market：advantages in pricing
对市场的偏见 bias against
市场的失败 Market failures
试图通过教育实现公平 attempts to achieve equity through
舒，爱德华 Schuh，Edward
舒尔茨，保罗 Schultz，T. Paul
舒尔茨，西奥多 Schultz，Theodore W.
数量的激增 proliferation of
水稻：用于种植高产品种的农田 Rice：cropland devoted to highyielding varieties of
斯贾斯塔德，拉里 Sjaastad，Larry A.
斯密，亚当 Smith，Adam
斯塔福德，弗兰克 Stafford，Frank P.
苏克哈特姆 Sukhatme，P. V.
苏联（USSR），见“苏联” USSR，*See* Soviet Union
苏联：科研的扭曲 Soviet Union：research distortions in
苏联西部：苏联西部的土壤与芬兰的土壤相对照 Soviet Union，western：soils contrasted with Finlands
苏瓦尼 Sovani，N. V.
随现代化而来的农业的不平衡 disequilibria associated with

价格　Relative prices: in economic growth models
　作为经济制度的主要动力　as main-spring of economic system

象牙海岸:象牙海岸的农业科学家　Ivory Coast: agricultural scientists in

消费价格指数(CPI) Consumer Price Index (CPI)

小规模生产单位的分配能力　Allocative Ability on small scale producing units

小麦:按小麦计量的美国工资购买力的增长　Wheat: increased purchasing power of U.S. Wages measured in
　呈紧缩趋势的小麦价格的下降　decline in deflated price of
　小麦的市场规格　market specifications of

小麦产量的增长　increased wheat production in

小时工资　hourly wages in

小时工资收入:美国官方统计的缺陷　Hourly earnings: flaws in official U.S. Statistics of

(小)肖特利奇,罗伯特　Shortlidge, Robert, L. Jr.

效率　efficiency of

谢　Shah, C. H.

谢尔,乔纳森　Sher, Jonathan, P.

新加坡　Singapore

畜产品:人类时间价格的增长对其成本的影响　Livestock product: effect of increases in the price of human time on cost of

《选择的时代》(福特基金会研究报告)　*Time to Choose, A* (Ford Foundation report)

学术咨询:对经济学研究的影响　Academic consulting: influenceon economic research of

学校教育对国民储蓄的贡献　contribution of schooling to the savings of

Y

研究:需要有关其价值的政府信息　Research: need for public information concerning value of

一些低收入国家的农业科研经费支出　research expenditures in selected low-income countries

医疗保健:人口质量的来源　Health care: as source of quality

饮用水的供应:低收入国家对改进饮用水质量的需求　Drinking-water supply: demand for improvement of in low-income

countries
印度:农民的周工资　India:weekly wage of a ploughman in
贫困　poverty in
人口统计的发展　demographic developments in
印度北方:印度北方土壤与日本土壤的对照　India,northern:soils contrasted with Japan's
英格兰:19世纪早期劳动者的收入　England:income of labors in early nineteenth century
英国的劳动者:在19世纪早期的收入　Labors in England:income of in early nineteenth century
营养研究:对营养研究的忽视　Nutrition research:neglect of
用人造产品替代土地　Substitutes for land,man made
与国际援助机构的关系　relations with donor agencies
与孟买的收入相对照　incomes contrasted with Bombay
预期寿命:作为人力资本的一个要素　Life expectancy:as factor in human capital
预期寿命的提高:经济意义　Life expectancy, increased: economic implications of
预期寿命的提高　increases in life expectancy in
援助:以实物形式进行的援助　Aid:in kind
束缚,参见"国际援助"　tied,*See also* Foreign aid
援助机构,美国:援助机构工作人员的成本　Aid agencies, U. S.: personnel costs
援助资本:援助资本的不良配置　Aid capital:malallocation of
约翰逊,盖尔　Johnson,D. Gale
约翰逊,哈里　Johnson,Harry

Z

杂交玉米:对产量的影响　Corn, hybrid:effects on production
在高收入国家其重要性的相对下降　relative decline of importance in high-income countries
在市场失败中所获的既得利益　vested interest in market failures of
在提高健康水平方面的成就　achievements in respect to health
在提高人口质量方面的积极发展历程　positive record of in improving population quality
在一些低收入国家的孩子存活率　survival rate of in selected low-income countries

照料孩子：作为人口质量的来源 Child care：as source of quality

政府干预对农业刺激的扭曲 incentives distorted by government intervention

《政治经济学及赋税原理》（李嘉图） *Principles of Political Economy and Taxation*（Ricardo）

芝加哥大学：芝加哥大学的农业科学研究 Chicago，University of：agricultural research at

《只有站票》（罗斯著） *Standing Room Only*（Ross）

制造业：在高收入国家之重要性的相对下降 Manufacturing：relative decline in importance in high-income countries

制造业工人：美国制造业工人的补偿性工资收入 Manufacturing workers：compensation of in the United States

制造业工人的补偿性工资收入 compensation of manufacturing workers in

智利：智利的水果、葡萄酒与花卉的产量 Chile：production of fruit，wine，and flowers in

中国：与印度高等教育相对照的中国高等教育 China：higher education of contrasted with India

资本：同质性假定 Capital：homogeneity assumption

作为经济增长主要动力的不均等性 inequalities of as the mainspring of economic growth

资本的构成 formation of

资本的补充类型 complementarity of forms of

资产税：对教育资金影响的减少 Property taxes：effects of reduction on school finances

资金 funding of

资金提供的转移 shift in funding of

资源的有效配置 efficient allocation of resources in

自然的土地观 Natural earth view

自然资源产品价格的下降 Natural resource commodity prices：decline in

作为低收入国家国民收入之一部分 as a fraction of national income in low-income countries

作为人口质量的来源 as a source of quality

作为人力资本会计的一个要素 as a factor in human-capital accounting

作为投资 as investment

作为一种人力资本投资 as an investment in human capital

舒尔茨主要作品年表

1932 1."Diminishing Returns in View of Progress in Agricultural Production", Journal of Farm Economics XIV. No. 4, October 1932, pp.640 - 649.

2."The Agricultural Emergency in Iowa", Iowa Agricultural Experiment Station, Circular 141, 1932.

3."Some Notes on International Trade", Agricultural Economic Facts. Ames, Iowa, Report 4, April 1932.

1933 4."Agricultural Emergency in Iowa: How Tariffs Affect Farm Prices", Iowa Agricultural Experiment Station. Circular 146, February 1933.

5."Agricultural Emergency in Iowa: Shrink Agriculture of Shift Tariff Protected Industries", Iowa Agricultural Experiment Station, Circular 148, March 1933.

6."Analysis of Variance as an Effective Method of Handling the Time Element in Certain Economic Statistics", with George W. Snedecor. Journal of the American Statistical Association, 28: 14 - 30, March 1933.

7."Variations in Swine Prices within Iowa", with A. G. Black, Iowa Agricultural Experiment Station, Research Bulletin 161, 1933.

8."Testing Mean Values Drawn from Stratified Samples", Journal of Farm Economics 15: 452 - 475, July 1933.

9. Tariffs on Barley, Oats and Corn, Madison, Wisconsin: Tariff Re-

search Committee 1933.

1934 10. "The Competitive Position of Lard in The Market of Animal and Vegetable Fats & Oils", with Rainer Schickele. Iowa Agricultural Experiment Station, Research Bulletin 171, March 1934.

11. "Prospects for Agricultural Recovery: Is Our National Farm Plant Too Large?" Iowa Agricultural Experiment Station, Bulletin, 314, March 1934.

12. "Improving the Domestic Market for Lard", with Rainer Schickele. Iowa Agricultural Experiment Station, Bulletin 319, June 1939.

13. "Recovery of Iowa's Agriculture and World Trade", in Iowa Yearbook of Agriculture, 1934.

14. "Trade and Tariff Problems Related to Agriculture". Committee of Inquiry into National Policy in International Economic Relations Minneapolis: University of Minnesota Press, 1934.

15. "Foreign Trade Situation regarding Iowa Fruit and Truck Crop-Prospectus", Iowa State Horticultural Society, Report, 69, 1934.

16. "The Lard Market at Home and Abroad", with Rainer Schickele. Iowa Agricultural Experiment Station, Research Bulletin 320, 1934.

17. "Economic Facts Related to the Status of Iowa Agriculture", with R. C. Bentley. Chicago, Interstate Commerce Hearings, Exhibit 1967, November 1934.

1935 18. "Vanishing Farm Exports", Successful Farming, 1935.

19. "Agriculture Awaits Adjustment", Successful Farming, Oct. 1935.

20. "Vanishing Farm Markets and Our World Trade" World Affairs Pamphlet Ⅱ. Boston: World Peace Foundation, 1935.

21. "Current Lard Prices Misleading", Iowa Farm Economist, 1(1): 3–5, 1935.

Discussion: "AAA as a Force in Recovery" in Journal of Farm

Economics 17:17 - 19 Feb. 1935.

1936 22. "Economic Conditions in Iowa", Iowa State Department of Agriculture, Bulletin 79, 1936.

23. "Problem of Selecting the Sample: Experience of Iowa State College in Selecting Farms, Sampling Used, and Results Obtained", Proceedings, Conference on Statistical Methods of Sampling Agricultural Data, July 14 - 17, 1936, Washington D. C., Bureau of Agricultural Economics, 1936.

24. "Opening Foreign Markets through Trade Agreements", Iowa Farm Economist 2(1): 6 - 9, 1936.

25. "Research in Agricultural Economics from the Standpoint of the States", Journal of Farm Ecnomics. 18: 296 - 308, May 1936.

26. "Sell Abroad, Shift or Shrink", Successful Farming, Aug. 1936.

27. "Will Reciprocal Trade Treaties Restore Fruit, Vegetable, and Honey Exports?" Iowa State Horticultural Society, Report 71: 88 - 94, 1936.

1937 28. "What has Happened to Agricultural Ladder?" Iowa Agricultural Experiment Station, Bulletin 357, 1937.

29. "A Comment on the Report of the President's Committee on Farm Tenancy", Land Economics 13: 207 - 208, May 1937.

30. "Agriculture's Share of National Income and the Role of Cooperatives", American Co-operative, 1937, pp. 143 - 148.

1938 31. "Economic Aspects of New Industrial Outlets for Agricultural Products", Journal of Farm Economics 20: 134 - 139. Feb. 1938.

32. "Future Production Programs and Price Policies for Agriculture". In Proceedings of Conference: What is a Desirable National Agricultural Program? University of Illinois Extension Service, 1938.

33. "Steps to Improve Farm Tenure Conditions in the U. S.", Le Travail Agricole, December 1938.

34. "Railroads Want to Increase Freight Rates", Iowa Farm Econo-

mist 4:11 - 13,Jan.1938.

35. "Worth Trading For", Iowa Farm Economist 4:8 - 10, Jan. 1938.

1939 36. "Scope and Method in Agricultural Economic Research", Journal of Political Economy 47:705 - 717, October 1939.

37. "The Theory of Firm and Farm Management Research", Journal of Farm Economics 21:570 - 586, August, 1939.

38. "Agriculture and the National Economy", in Proceedings, Iowa Farm Bureau Federation, 1939.

1940 39. "Capital Rationing, Uncertainty, and Farm Tenancy Reform", Journal of Political Economy 48:309 - 324, June 1940.

40. "Needed Additions to the Theoretical Equipment of an Agricultural Economist", Journal of Farm Economics 22:60 - 62, Feb. 1940.

41. Agriculture National Problem or National Opportunity? Pamphlet printed by Chamber of Commerce of the United States, Washington, 1940.

42. "Sizing Up Trade Agreements", with C. J. Shohan and A. Erikson, Iowa Farm Economist, 6:3 - 6, January 1940.

43. "Economic Effects of Developments in World Affairs upon American Agriculture", in Proceedings of the Association of Land Grant College 54:51 - 58, 1940.

1941 44. Post-war Public Welfare Problems in Agriculture. National Defence Migration Hearings before House Committee, 76, Congress, 1st session, Part 22, November 25, 1941.

45. "How Farmers Can Aid the Good Neighbour Policy", Iowa Farm Economist 7(8):7 - 9, August 1941.

46. "No Production Control", with O. H. Brownlee, Iowa Farm Economist, 7(5):12 - 13, May 1941.

47. "Our U.S. Iowa Com Granary and How it has Affected Hogs in the Corn Belt", with O. H. Brownlee, Iowa Farm Economist 7

(1):8 - 10 January 1941.

48. "Economics Effects of Agricultural Programs", American Economic Review 30:127 - 154, Feb. 1941.

49. "Time to Remodel Farm Programs", Iowa Farm Economist, 7(4): 8 - 10, April 1941.

50. "A New AAA", Iowa Farm Economist 7(10): 14 - 16, October 1941.

51. "New Food Program", with D. Gale Johnson and H. Parsons, Iowa Farm Economist 7(11): 8 - 10, November 1941.

52. Training and Recruiting of Personal in the Rural Social Sciences, with L. Witt, Washington D. C.: American Council of Education 1941.

1942 53. "Effects of Crop Acreage Control Features of AAA on Feed Production in 11 Midwest States" with O. H. Brownlee. Iowa Agricultural Experiment Station. Research Bulletin 198, April 1942.

54. "Two Trials to Determine Expectation Models" with O. H. Brownlee, Quarterly Journal of Economics 56: 487 - 496, May 1942.

55. "Mordecai Ezekiel's Schisms in Agricultural Policy", Journal of Farm Economics 24:511 - 514, May 1942.

56. Testimony before Interstate Commerce Commission, on "Increased Railway Rates, Fares and Charges", St. Louis, Missouri, Docket No. Ex Parte No. 148, Vol. 5, Jan. 7, 1942.

1943 57. "How to Get More Fats and Oils", Iowa Farm Economist 8:12 - 14, May 1942.

Hearings before senate Sub-committee on Appropriations on Agricultural Appropriation Bill for 1943, pp. 401 - 431.

1944 58. Statement on Extension of Reciprocal Trade Agreements Act. House Committee on Ways and Means, April 22, 1943, pp. 715 - 720.

59. "Farm Prices for Food Production", Wartime Farm and Food Policy, Pamphlet 2, Iowa State College Press, 1943.

60. "Two Conditions Necessary for Economic Progress in Agriculture", Canadian Journal of Economics and Political Science, 10: 298 - 311, August 1944.

61. Redirecting Farm Policy, New York: Macmillan & Co., 1943.

62. "Transition Readjustments in Agriculture", Journal of Farm Economics 26: 77 - 88, February, 1944.

63. "Food Supply and Nutrition in a Developing Economy", Journal of Home Economics, 36: 405 - 408, September 1944.

64. "Farm Income, Migration, and Leisure", Proceedings of Institute on Library Extension, University of Chicago, Graduate Library School, 1944.

65. "Prospects for a Post-War Agricultural Collapse", Commercial and Financial Chronicle, December 21, 1944.

66. "Food and Agriculture in a Developing Economy", in Food for the World. edited by T. W. Schultz. Chicago, pp. 306 - 320.

1945 67. "Income Accounting to Guide Production and Welfare Policies", In Proceedings of the Western Farm Economics Association, pp. 58 - 66, 1945.

68. "Will Agriculture Collapse?" University of Chicago Magazine, 37: 6 - 9, April 1945.

69. "Postwar Agricultural Policy: A Review of the Land-Grant Colleges Report". The Journal of Land and Public Utility Economics, 21: 95 - 107, May 1945.

70. Agriculture in an Unstable Economy. New York: McGraw-Hill. 1945.

71. Food for the World, Chicago: University of Chicago Press. 1945, Reprinted by Arno Press 1976, in the "World Food Supply" series.

1946 72. "Changes in Economic Structure Affecting American Agriculture",Journal of Farm Economics,28:15－27,February 1946.

73."Production and Welfare Objectives for American Agriculture", Journal of Farm Ecnomics,28:444－457,May 1946.

1947 74."A Note on the Davis Review of Agriculture in an Unstable Economy",Review of Economic Statistics,29:92－94,May 1947.

75."How Efficient is American Agriculture?"Journal of Farm Economics 29:644－658,August 1947.

76."Effects of Employment upon Factor Costs in Agriculture",Journal of Farm Economics 29:1122－1132,November 1947.

77."The Economic Stability of American Agriculture", Journal of Farm Economics,29:809－826,November 1947.

78."Food,Agriculture,and Trade",Journal of Farm Economics 29:1－19,February 1947.

79.House Hearings Before the Committee on Agriculture,80th Congress,1st session,October 9－10,1947,pp.661－682.

80."The Public Lands and National Economy",Symposium on the Public Lands,University of New Mexico,October 1947.

81.Hearings before the Joint Committee on the Economic Report, 80th Congress,1st session,Part I,Topic:Current Price Developments and the Problem of Economic Stabilization. Testimony, pp.322－335.

82."The Economic Challenge that Comes with Full Production",In Proceedings,3rd National Forum of Agriculture,Labor and Industry,University of Wyoming,July 28,1947.

83."Price and Trade Policies for Agriculture",in Northwest Farm Forum,Minneapolis Chamber of Commerce,March 6－7,1947.

1948 84."What of our Foreign Trade Policy?"The Delphian Quarterly,30: 5－8.Autumn 1948.

85."Supporting Agricultural Prices by Concealed Dumping". Journal of Political Economy,56:157－160,April 1948.

86. "A Comment on Carl Kaysen and James H. Lorie". "A Note on Professor Schultz's Analysis of the Long Run Agricultural Problem", Review of Economics and Statistics, 30: 295 - 296, Nov. 1948.

87. "The Great Plains Quest for Stability", in Towards Stability in the Great Plains Economy. Nebraska Bulletin 399, pp. 91 - 96.

1949 88. "Spot and Future Prices as Production Guides", American Economic Review, 39: 135 - 149, May 1949.

89. "Agricultural Price Policy", In Proceedings of the Academy of Political Science, 23: 12 - 21, January 1949.

90. "Agricultural Price Policy", Committee for Economic Development. Statement for hearings by President's Council of Economic Advisors, February 17, 1949.

91. Production and Welfare of Agriculture, New York: MacMillan & Company, 1949.

1950 92. "The Kline-Brannan Debate", in What Price Plenty? Proceedings of the 12th Annual National Farm Institute, 1950, pp. 94 - 99.

93. "Effects of Trade and Industrial Output of Western Germany upon Agriculture", American Economic Review, 40: 522 - 530, May 1950.

94. "Reflections on Poverty within Agriculture", Journal of Political Economy, 43: 1 - 15, February 1950.

95. "A Frame of Reference for Analyzing Income and Price Policies", In Educational and Methods Conference in Public Support, Chicago: The Farm Foundation, January, 1950.

96. "A Theory of Policy Making Based on Regrets (and Some Observations on Price Policy Research)", In Proceedings of the Annual Meeting of the New England Research Council on Marketing and Food Supply, April 7 - 8, 1950.

1951 97. "Declining Economic Importance of Agricultural Land", Economic Journal 61:725 - 740,December 1951.

98. "Farm Price Gyrations by Cochrane", Journal of Farm Economics 33:540 - 544, November 1951.

99. "Economic Efficiency: Its Meaning, Measurement and Application to Agricultural Problems", Journal of Farm Economics 33:115 - 119. February, 1951.

100. "Policy Lessons from the Economic Mobilization of the United States", Journal of Farm Economics 31: 613 - 620, November 1951.

101. "A Framework for Land Economics - The Long View", Journal of Farm Economics, 33:204 - 215, May 1951.

102. "Redirecting Farm Policy", The Nation, Jan. 20, 1951, pp. 55 - 57.

103. Measures for Economic Development of Underdeveloped Countries, with D. R. Gadgil, Arthur Lewis, George Hakim, and Alberto Baltra Cortez, New York: United Nations Department of Economic Affairs, 1951.

1952 104. "The Functioning of Feed Grains in the Economic Development of Agriculture in and about the Tennessee Valley." Materials used in preparing testimony for the Barge Grain for the Tennessee Valley Authority. Interstate Commerce Commission Report: American Barge Line Company *et al*. v. Alabama Great Southern Railroad Company *et al*, Docket No. 30744, June 24, 1952.

105. "The Supply of Food in Relation to Economic Development", Economic Development and Cultural Change, 1: 244 - 249, December 1952.

106. A Comment on D. Gale Johnson's Essay, "Economics in Agriculture", in B. F. Haley (ed.) A Survey of Contemporary Economics, Vol. II, Homewood, Illinois: R. D. Irwin, 1952, 258 - 260.

107. "Discussion of the Jesness and Waugh Papers", Journal of Farm

Economics 34:624 - 627,December 1952.

108. "Agricultural Efficiency and Rural Welfare", and "Comment" on Professor Karl Brandt's paper, Proceedings of the International Conference of Agricultural Economists, East Lansing, Michigan, August, 1952.

1953 109. "The Economic Development of our Western Interior", Journal of Farm Econornics 35:707 - 713, December 1953.

110. The Econornic Organization of Agriculture, New York: McGraw Hill, 1953 (Translated into Spanish, Portuguese, French, Japanese, Italian).

1954 111. Report on TALA Project (Technical Assistance in Latin America) at the Washington Seminar on International Affairs, Washington, 1954.

112. "The Instability of Farm Prices Reconsidered", Journal of Farm Economicss 36:777 - 789, December 1954.

113. "A Guide to Better Policy for Agriculture", Consumer Reports, 19(4) March, 1954.

114. "Some Guiding Principles in Organizing Agricultural Economics Research", Journal of Farm Economics 36: 18 - 21, February 1954.

1955 115. "Statement of Foreign Economic Policy"—Hearings before the Sub-committee on Foreign Economic Policy of the Joint Committee on the Economic Report, 84th Congress, 1st session, Nov. 17, 1955, pp. 577 - 584.

116. "A Statement on Agricultural Policy", presented before the Joint Committee on Economic Report, U.S. Congress, Feb. 2, 1955.

117. "The Contribution of the Economist to Programs of Technical Development", Proceedings of the 9th International Conference of Agricultural Economists, 1955.

1956 118. "Agricultural Policy Statement". New York. The Twentieth

Century Fund 1955. The Economic Test in Latin America Cornell University Bulletin 35, August 1956 (Spanish translation, 1960).

119. "The Role of the Government in Promoting Economic Growth." In Leonard D. White(ed.) The State of the Social Sciences, University of Chicago Press, 1956, pp. 372 - 383.

120. "Latin American Economic Policy Lessons", American Economic Review 46:425 - 432, May 1956.

121. "Reflections on Agricultural Production, Output and Supply". Journal of Farm Economics 38:746 - 762, August 1956.

122. "An Alternate Diagnosis of the Farm Problem" Journal of Farm Economics 38:1137 - 1152, Dec. 1956.

123. "Lessons for Agricultural Economics from U. S. A. Experiences", Indian Journal of Agricultural Economics, 11(1):9 - 13, 1956.

124. "University Contracts: Critical Appraisal of the Main Strengths and Weaknesses of the Program", in University Projects Abroad, Washington, D. C.: American Council on Education, 1956.

125. "Agriculture and the Application of Knowledge", in A Look to the Future, W. K. Kellogg Foundation, 1956.

1957 126. "U. S. Farm Problem in Relation to Growth and Development of U. S. Economy." In Policy for Commercial Agriculture, Hearings before the Sub-committee on Agricultural Policy of the Joint Econ. Committee, Congress of the U. S., 85th Congress, 1st session, Nov. 22, 1957, pp. 3 - 14; December 16 - 20, pp. 8 - 9.

127. "Are We Solving Our Farm Problem?" In Increasing Understanding of Public Problems and Policies. Chicago: Farm Foundation 1957.

1958 128. "Output-Input Relationships Revisited", Journal of Farm Economics,40:924-932,November 1958.

129."The Emerging Economic Scene and its Relation to High School Education."Francis S. Chase and Harold A. Anderson(eds),in The High School in a New Era. University of Chicago Press, 1958,pp.97-109.

130."Coping with Agricultural Abundance",Social Order,8:368-375,October 1958.

1959 131."Human Wealth and Economic Growth", address before the American Humanist Association Meeting, Cleveland, Ohio, 1958,in The Humanist,19(2):71-81,1959.

132."A Foreign Economic Policy for What?"Saturday Review,January 17,1959,pp.33-37.

133."Agricultural Policy for What?"Journal of Farm Economics,41:189-193,1959.

134."Investment in Man:An Economist's View". The Social Service Review,33:109-117,June 1959.

135."A New Era for Agriculture in Economic Growth",The Indian Journal of Agriculture Economics,14(4)37-43,1959(Translated into Hebrew).

136."Land in Economic Growth",in H. Halcrew(ed.) Modern Land Policy. University of Illinois,pp. 17-39(Translated into Spanish).

137."Omission of Variables,Weak Aggregates,and Fragmentation in Policy and Adjustment Studies", in Problem and Policies of American Agriculture. Iowa State University Press,1959.

1960 138."Capital Formation by Education."Journal of Political Economy 68:571-582,December 1960(Translated into Spanish).

139."Value of U.S. Farm Surpluses to Underdeveloped Countries", Journal of Farm Economics 42:1018-1030,December 1960.

1961 140."Investment in Human Capital",American Economic Review,

51:1－17,March 1961(Presidential address:Reprinted at least 20 times,and translated into Slovak,Spanish,Portuguese,Hungarian,Italian,French,Japanese).

141. "Investment in Human Capital:A Reply",American Economic Review 51:1035－1039,December 1961(Translated into Spanish).

142. "A Policy to Redistribute Losses from Economic Progress", Journal of Farm Economics 43,554－565,August 1961(Translated into Portuguese).

143. "U.S.Endeavors to Assist Low-Income Countries Improve Economic Capabilities of their People",Journal of Farm Economics 43:1068－1078,December 1961.

144. "Education and Economic Growth",in N.B.Henry (ed.)Social Forces Influencing American Education.Chicago:National Society for Study of Educ.,Year-book 60(2):46－88,1961.

145. "Economic Policy Research for Agriculture",Canadian Journal of Agricultural Economics,9(2):94－106,1961.

146. "Economic Prospects of Primary Products",in H.S.Ellis(ed.)in Economic Development for Latin America.London:Macmillan & Co.Ltd.,New York:St.Martin's Press,1961,pp.308－341.

147. "Connections between Natural Resources and Economic Growth",in J.J.Spengler(ed.),Natural Resources and Economic Growth.Washington:Resources for the Future,1961,pp.1－9.

148. "Tobin's National Goals and Economic Policy in Farm Policy Review Conference.North Carolina State College,November 1961.

149. "Human Capital:Growing Asset",Saturday Review,January 21,1961,pp.37－39.

1962 150. "Reflections on Investment in Man",Journal of Political Economy LXX, No. 5, Part 2:1 - 8 October 1962.

151. "Science and Agriculture", Report of President's Science Advisory Committee(joint author).

152. "Investment in Human Capital in Poor Countries", in Paul D. Zook(ed.), Foreign Trade and Human Capital, Southern Methodist University Press, 1962, pp. 3 - 15.

153. "Education as a Source of Economic Growth", For the Conference on Education and Economic and Social Development in Latin America under UNESCO sponsorship, Santiago, Chile, 1962, pp. 93 - 101.

154. "Education and Values Conducive to Economic Goals", Agricultural Policy Review 2(4):4 - 6, 1962.

155. "Rise in the Capital Stock Represented by Education in the United States between 1900 and 1957", in Selma G. Mushkin(ed.) The Economics of Higher Education and Welfare, Washington: Office of Education, 1962, pp. 93 - 101.

156. "Education, Economic Goals and the South", in North Carolina State College and the Southern Regional Education Board, Educational Needs for Economic Development of the South, October, 1962.

157. "Economic Impact of Science and Technology", a statement for the hearings before a sub-committee of the Committee on Appropriations titled Highlights of Science in the United States, House of Representatives, Eighty-seventh Congress, 2nd session, February 27, 1962, pp. 144 - 154.

1963 158. Summary of address at the National Conference for Support of the Public Schools(Washington, D. C., April 8, 1963), in Conference Report, 1963, pp. 11 - 17 and 19 - 20.

159. "Discussion: Student Loan Programs", Harvard Educational Review 33:369 - 370, 1963.

160. "Investing in Farm People", given before the 25th National Farm Institute, Des Moines, Iowa, 1963. Condensed and printed as "Let's Invest in People, Not Land", Successful Farming, 61(6) July 1963, p.33.

161. "National Security, Economic Growth, Individual Freedom and Agricultural Policy", Mimeographed in publication titled "Our Rural Problems in their Natural Setting", Iowa State University: CAEA Report, 16, 1963.

162. Investment in Human Beings. Journal of Political Economy Supplement. Chicago: University of Chicago Press, Oct. 1962.

163. The Economic Value of Education, New York: Columbia University Press, 1963 (Translated into Spanish, Portuguese, Japanese, Greek).

1964 164. Transforming Traditional Agriculture, New Haven; Yale University Press, 1964, (Translated into Japanese, Korean, Portguese, Spanish) Reprinted 1976, Arno Press.

165. "Underinvestment in the Quality of Schooling: The Rural Farm Areas", in Increasing Understanding of Public Problems and Policies, 1964, Chicago: Farm Foundation 1964 pp.12 - 34.

166. "Some Economic Issues in Improving the Quality in Education", in A Financial Program for Today's Schools, Proceedings of the 7th National Conference on School Finance, Washington, National Education Association, 1964, pp.32 - 37.

167. "Our Welfare State and the Welfare of Farm People", The Social Service Review, 38:123 - 129, June 1964.

168. "Economic Growth from Traditional Agriculture", in Agricultural Sciences for the Developing Nations, Publication No.76 of American Association for the Advancement of Science; Washington D.C., 1964, pp.185 - 205.

169. "Changing Relevance of Agricultural Economics", Journal of

Farm Economics,46:1004 - 1014,December 1964.

1965 170."Family Planning",Proceedings of the White House Conference on Health,Washington,1965,pp.546 - 548.

171.Comment on Jack Wiseman's"Cost-Benefit Analysis in Education", in James W. Mckie (ed.) Education and the Southern Economy,supplement of the Southern Economic Journal 32(1) Part 2:13 - 14,July 1965.

172.Investing in Poor People:An Economist's View:American Economic Review,40:510 - 520,May 1965.

173."Reflections on Teaching and Learning in Colleges of Agriculture",Journal of Farm Economics,47:17 - 22,February 1965.

174."Economic Basis for a New Agricultural Policy Consensus", in Our Stake in Commercial Agriculture,Rural Poverty and World Trade, Proceedings of the Fifth Annual Farm Policy Review Conference. Washington 1965.

175.Economic Crises in World Agriculture,Ann Arbor:University of Michigan Press,1965,(Translated into Arabic,Bengali,Italian, Marathi,Spanish).

176."Public Approaches to Minimize Poverty",in Leo Fishman(ed.) Poverty amid Affluence, Yale University Press. 1966, pp. 165 - 181.

1966 177."Urban Development and Policy Implications for Agriculture", Economic Development and Cultural Change,15:1 - 9,1966.

178. "Increasing World Food Supplies: The Economic Requirements."in Proceedings of the National Academy of Sciences 56: 322 - 327,1966.

179."Food for the World:Policy Choices",presented at hearings before the Committee on Agriculture, House of Representatives and published in the hearings report, World War on Hunger, 89th Cong., 2nd session, Feb. 14 - 18, 1966, Serial W. Part I, pp. 156 - 172.

180. "Economic Opportunities in the World of Agriculture", in Record of Proceedings of the Global Meeting of the Resident Representatives of the United Nations Development Program, 1966.

181. "Transforming Traditional Agriculture: Reply", Journal of Farm Economics 48(4), Part I: 1015 - 1018, 1966.

182. "Agricultural Development: The Necessary Conditions", Agricultural Policy Review 6(4): 6 - 7, 1966.

1967 183. "Investment in Poor People", Seminar on Manpower Policy and Program, U. S. Department of Labor, Manpower Administration, February, 1967.

184. "U. S. Mal-investments in Food for the World", in Alternatives for Balancing Future World Food Production and Needs, Ames: Iowa State University Center for Agricultural and Economic Development, 1967, pp. 224 - 242.

185. "Significance of India's 1918 - 1919 Losses of Agricultural Labour—A Reply", Economic Journal 77: 161 - 163, March 1967.

186. "Education and Research in Rural Development in Latin America", in K. L. Turk and L. V. Crowder (eds.) Rural Development in Tropical Latin America, Ithaca: Cornell University, 1967, pp. 391 - 402.

187. "The Latifundia Puzzle of Professor Schultz Reply", Journal of Farm Economics, 49: 511 - 514, May 1967.

188. Comment on John W. Mellor, "Toward a Theory of Agricultural Development." In Agricultural Development and Economic Growth. Ithaca: Cornell University Press, 1967, pp. 61 - 65.

189. "Efficient Allocation of Brains in Modernizing World Agriculture", Journal of Farm Economics 49: 1071 - 1082, December 1967.

190. "Economic Growth Theory and Profit in Latin American Farm-

ing."In Agricultural Development Bank, pp. 169 - 188, 1967 (Translated into Spanish).

191. "National Employment, Skills and Earnings of Farm Labor", in C. E. Bishop (ed.) Farm Labor in the United States, Columbia University Press, 1967, pp. 53 - 69.

192. "An Endeavor to Clarify the Economic Components Underlying Chilean Agriculture", in Agricultural Development in Latin America: The Next Decade. Washington, D. C.: American Development Bank, April, 1967 (Translated into Spanish).

193. "The Rate of Return in Allocating Investment Resources to Education", Journal of Human Resources, 2: 293 - 309, Summer 1967.

194. "Food for the World: Economic Implications and Opportunities", in Proceedings of the Ninth Agricultural Industries Forum, University of Illinois, pp. 1 - 14, 1967.

195. "Resource Allocation in Traditional Agriculture: Reply." Journal of Farm Economics 49: 933 - 935, November 1967.

196. "On the Economic Importance of land: Reply", Journal of Farm Economics 49: 735 - 736, August 1967 (Translated into Japanese).

1968 197. "A Missing Link in Growth Theory", Paper presented in Tokyo, at the Symposium on Japan's Experience with Respect to Agricultural and Economic Development, July 3 - 7, 1967. Printed in Schultz Economic Growth and Agriculture, New York: McGraw Hill, 1968, pp. 293 - 298.

198. "Institutions and the Rising Economic Value of Man", American Journal of Agricultural Economics, 50: 1113 - 1122, December 1968.

199. "Human Capital", in Sills, David L., Edited, International Encyclopaedia of Social Sciences, Vol. 2, The Macmillan Co., and the

Free Press,1968,pp.278 - 286.

200.“Resources for Higher Education:An Economists View”,Journal of Political Economy,76:327 - 347,May/June 1968.

201.“Production Opportunities in Asian Agriculture:An Economist's Agenda”, in Development and Change in Traditional Agriculture:Focus on South Asia. Asian Studies Center, Michigan State University,1968,pp.1 - 8.

202.Economic Growth and Agriculture. New York: McGraw-Hill, 1968(Translated into Japanese,Spanish).

1969 203.“World Agriculture in Relation to Population,Science,Economic Disequilibrium and Income Inequality:Reflections and Unsettled Questions”,Proceedings of the 13th International Conference of Agricultural Economists,1969,pp.130 - 140.

204.“New Evidence on Farmer Responses to Economic Opportunities from the Early Agrarian History of Western Europe.”in Clifton R. Wharton(ed.)Subsistence Agriculture and Economic Development,Chicago:Aldine Publishing Co.,1969,pp.105 - 110.

1970 205.“Agricultural Modernization Altering World Food and Feed Grain Competition”, in International Conference on Mechanized Dryland Farming.John Deere & Company,1970,pp.297 - 306.

206.Reflections on the Economy of the“Middle North” published as “Some Economic Aspects of the Northland”,In E.Laurence and D.Smith(eds.)Canadian Economic Problems and Policy, New York:McGraw-Hill,1970,352 - 358.

207.“The Human Capital Approach to Education”,Chapter 2 of R. L.Johns *et al*.(eds.),Economic Factors Affecting the Financing of Education in the Decade Ahead, National Educational Finance Project,1970.

208.“The Reckoning of Education as Human Capital”, in W. Lee

Hansen (ed.) Education, Income and Human Capital, New York: National Bureau of Economic Research 1970, pp. 297 - 306.

1971 209. "Discussion of Extent of Gaps between Plans and Realization", in Earl O. Heady (ed.), Economic Models and Quantitative Methods for Decisions and Planning in Agriculture. Ames: Iowa State University Press, 1971, 479 - 481.

210. "Possibilities for Improving Rural Living: An Economist's View." in The Quality of Rural Living: Washington: National Academy of Sciences, 1971, pp. 64 - 70.

211. "The Food Supply—Population Growth Quandry." in Rapid Population Growth: Consequences and Policy Implications, National Academy of Science, Johns Hopkins Press, 1971, pp. 245 - 272.

212. "Education and Productivity", prepared for the National Commission on Productivity, U. S. Govt, Printing Office, 1971, 1 - 10.

213. "Production Opportunities in Asian Agriculture." in W. Johnson (ed.) Readings in Economic Development. Cincinnati: South-Western Publishing Company, 1971.

214. Hearing before the Sub-committee on Education (Brademas-Hansen) Committee. Testimony, June 14, 1971.

215. Investment in Human Capital: The Role of Education and of Research, New York: Free Press, Macmillan & Co., 1971 (Translated into Portuguese).

1972 216. Human Resources: Fiftieth Anniversary Colloquium 6, New York: National Bureau of Economic Research, 1972.

217. Investment in Education: The Equity-Efficiency Quandry. Journal of Political Economy Supplement, Chicago, University of Chicago Press, 1972, May/June 1972.

218. "Optimal Investment in College Instruction: Equity and Efficiency", Journal of Political Economy, 80(3) Part II: S2 - S30, May/June 1972.

219. "Knowledge Agriculture and Welfare", Proceedings: Twenty-First Pugwash Conference on Science and World Affairs. London: Taylor & Francis Ltd. 1972, pp. 243 - 353.

220. "The Role of Pugwash in Development: An Economist's View. Proceedings: Twenty-First Pugwash Conference on Science and World Affairs. London: Taylor & Francis Ltd. 1972, 353 - 355."

221. "Woman's New Economic Commandment", in Families of the Future, Iowa State University Press, 1972, pp. 79 - 88.

222. "The Ecosystem Doom", Bulletin of the Atomic Scientist, 28: 12 - 17, 1972.

223. "The Increasing Economic Value of Human Time", American Journal of Agricultural Economics 54: 843 - 850, December 1972.

224. "A Guide to Investors in Education with Special Reference to Developing Countries", Bellagio Papers, Vol. I. Rockefeller Foundation/Ford Foundation, 1972, pp. 82 - 93.

1973 225. New Economic Approaches to Fertility, Journal of Political Economy Supplement, University of Chicago Press, March/April 1973.

226. "The Value of Children: An Economic Perspective", Journal of Political Economy, 81(2) Part Ⅱ, S2 - S13, March/April 1973.

227. "The Education of Farm People: An Economic Perspective." in 1973/74 World Year Book of Education. London: Evans Brothers Ltd., 1973, pp. 50 - 68.

228. "Frank Knight as a Colleague", Journal of Political Economy, Vol. 81, No. 3, May/June 1973, pp. 516 - 517.

1974 229. "The High Value of Human Time: Population Equilibrium",

Journal of Political Economy, 82(2) Part Ⅱ: S2 - S10, March/April, 1974.

230. "Is Modern Agriculture Consistent with a Stable Environment?" In the Future of Agriculture: Technology, Policies and Adjustment, Fifteenth International Conference of Agricultural Economists, 1974, pp. 235 - 242.

231. "The Alternatives Before Us in Agricultural Development: An Economist's View", in Proceedings, edited by R. G. Anderson, for the Wheat. Triticale and Barley Seminar, International maize and Wheat Improvement Center. El Batan, Mexico, August 1974, pp. 64 - 68.

232. "Conflicts Over Changes in Scarcity: An Economic Approach", American Journal of Agricultural Economics, 56: 998 - 1004, December 1974.

233. "Investments in Ourselves: Opportunities and Implications", In Myron H. Ross(ed.) The Economics of Education, University of Michigan, 1974, pp. 63 - 70.

234. "Agriculture in an Unstable Economy—Revisited", Journal of the Northeastern Agricultural Economics Council, 2: 1 - 9, October 1974.

235. Marriage, Family, Human Capital, and Fertility, Journal of Political Economy Supplement. Chicago: University of Chicago Press, March/April 1974.

1975 236. Economics of the Family: Marriage, Children, and Human Capital, Chicago: University of Chicago Press for the National Bureau of Economic Research, 1975, 584, Pages (This book combines the two preceding symposia).

237. "The Value of the Ability to Deal with Disequilibria", Journal of Economic Literature, 13(3): 827 - 846, 1975.

238. "Food Alternatives Before Us: An Economic Perspective", in

Faculty Institute Teachers' Workbook, Earth, 2020: San Francisco, 1975.

239. "Knowledge, Agriculture and Welfare", in Eugene and Vivian Ravinowitch(ed.) views of Science, Technology and Development. Oxford, Pergamon Press Ltd., 1975, pp. 253 - 276.

1976 240. "The Politics and Economics of Beef", for the Bank of Mexico Conference on Livestock Production in the Tropics, 1976, published in the Proceedings of the Seminar, pp. 63 - 72.

241. "The Economic Conditions for Agricultural Modernization, for the Bank of Mexico Conference on Livestock Production in the Tropics 1976, published in the proceedings of the seminar, pp. 83 - 95."

242. "Uneven Prospects for Gains from Agricultural Research Related to Economic Policy", in Thomas M. Arndt. Dana G. Dalrymple and Veron Ruttan(eds.), Resource Allocation and Productivity in National and International Agricultural Research, Minneapolis: University of Minnesota Press, Minneapolis, pp. 578 - 889.

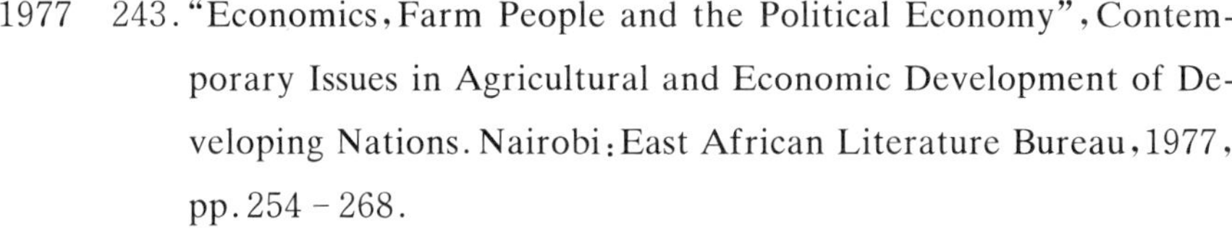

1977 243. "Economics, Farm People and the Political Economy", Contemporary Issues in Agricultural and Economic Development of Developing Nations. Nairobi: East African Literature Bureau, 1977, pp. 254 - 268.

244. "The Hungary, Crowded, Competitive World", Bulletin of the Atomic Scientist, 33: 254 - 268, October, 1977.

245. "Economic Value of Human Time Over Time", Lectures in Agricultural Economics, Bicentennial Year Lectures, Economic Research Service, U. S. Department of Agriculture, June, 1977, pp. 1 - 24.

246. "On Economic History in Extending Economics" Economic Development and Cultural Change 25: 245 - 253, 1977.

247. "On the Economics of the Increases in the Values of Time Over Time", Fifth World Congress of the International Economic Association, Tokyo, 1977(in press in England).

1979 248. "Investment in Population Quality throughout Low-Income Countries", in Philip M. Hauser(ed.), World Population and Development: Challenges and Prospects, Syracuse University Press, 1979, pp. 339 - 360.

249. "The Value of Higher Education in Low-Income Countries: An Economist's Views", for International Institute of Educational Planning, Paris, in Press.

250. "The Economics of Research and Agricultural Productivity", International Agricultural Development Service, Occasional Paper, 1979(Translated into Spanish).

251. "Life Span, Health, Savings and Productivity", Economic Development and Cultural Change, Vol. 27, No. 3, April 1979, pp. 399 - 421, with Rati Ram Human Capital Approaches in Organising and Paying for Education, for Efficiency and Equity in Education Finance National Symposium, Urbana, Illinois, May 1979.

1980 252. "The Economic of Research and Agricultural Productivity", to appear in Economics and Agricultural Research, 1980, in honor of Geoffrey Shepherd.

253. "Investment in Entrepreneurial Ability", The Scandinavian Journal of Economics, Vol. 82, No. 4, 1980, pp. 437 - 448.

1981 254. Investing in People—The Economics of Population Quality, University of California Press, 1981.

1987 255. Tensions between Economics and Politics in Dealing with Agriculture, with Comment by Nurul Islam, in Meier, Gerald M., Edited, Pioneers in Development, Second Series, A World Bank Publication, Oxford University Press, 1987.

1992 256. The Economics of Being Poor. Nobel Memorial Lecture, Dec. 8,

1979. Published in Lindbeck. Assar., Edited, Economic Sciences 1969 - 1980: Nobel Lectures. World Scientific, Published for the Nobel Foundation. 1992, pp. 382 - 391.

1993 257. Origins of Increasing Returns, Basil Blackwell, 1993.

图书在版编目(CIP)数据

对人进行投资:人口质量经济学/(美)西奥多·舒尔茨著;吴珠华译.—北京:商务印书馆,2024
(汉译世界学术名著丛书:120年纪念版:珍藏本:增订本)
ISBN 978-7-100-23837-3

Ⅰ.①对… Ⅱ.①西…②吴… Ⅲ.①人口质量—人口经济学 Ⅳ.①C92-05

中国国家版本馆CIP数据核字(2024)第080195号

汉译世界学术名著丛书
(120年纪念版·珍藏本·增订本)
对人进行投资
——人口质量经济学
〔美〕西奥多·舒尔茨 著
吴珠华 译

商 务 印 书 馆 出 版
(北京王府井大街36号 邮政编码100710)
商 务 印 书 馆 发 行
北京新华印刷有限公司印刷
ISBN 978-7-100-23837-3

2024年5月第1版 开本710×1000 1/16
2024年5月北京第1次印刷 印张15
定价:82.00元